RIONS ENCORE

Rions encore

M. SANOUILLET

Exercices, Vocabulaire et Notes :
W. A. STICKLAND

University of Toronto Press
The Copp Clark Publishing Co. Limited

© UNIVERSITY OF TORONTO PRESS 1965
Printed in Canada
Reprinted in 2018
ISBN 978-1-4875-8241-8 (paper)

Drawings by Barry Zaid

FOREWORD

THIS IS A SEQUEL TO *Rions ensemble,* a collection of stories prepared by the author and provided with exercises, vocabulary, and notes by the late Professor H. L. Humphreys. I am indebted to Mr. W. A. Stickland for a similar contribution to this volume.

Like its predecessor, *Rions encore* seeks to provide crisp, amusing short stories which, we hope, will prove that elementary reading in French can both train and entertain. There is a deliberate reliance on conversation, so that the stories can not only be listened to by the inner ear but also read in parts and acted out.

Some of the stories are original anecdotes, others are adaptations of traditional French or French-Canadian tales, some are from anonymous sources, and some by acknowledged masters. Their selection has been governed by the classic literary virtues of the French—precision, economy, and the familiar Gallic twist.

The exercises have been designed to further the purpose of the texts. For each story there is supplied a series of questions that lend themselves to oral answers and discussion; in addition there is a short exercise reviewing grammatical forms, with special emphasis on the verb, as well as a brief passage for prose translation into French.

All words occurring in the text of the stories are given in the vocabulary, as are the variant forms, except for a few of the most obvious which occur in the later part of the book. Notes are included in the vocabulary.

A word of appreciation is due Mr. Barry Zaid for his amusing and decorative illustrations.

M.S.

CONTENTS

La Politesse même...	3
Ecriture médicale	7
Le Parfait Vendeur	12
Le Curé de Cucugnan	16
Rien ne sert de mentir...	21
L'Anniversaire d'Aline	26
Le Renard et le loup	30
Le Franc disparu	35
La Tête du poisson	38
A distrait, distrait et demi...	43
Une Femme au volant	48
Les Joies du golf	52
Les Prisonniers	58
L'Horloge	64
La Chasse au pilou	69
Les Deux Télégrammes	74
L'Elève fantôme	78
De trop beaux bijoux...	82
Le Gorille est mort	87
Une Vente difficile	92
Une Procession mouvementée	96
Un Orignal original	99
Monsieur Sans-Gêne	103
Exercices	109
Vocabulaire et notes	151

RIONS ENCORE

La Politesse même...

PERSONNAGES :

Le monsieur très gentil
Le conducteur

C'EST L'HIVER À MONTRÉAL. Il fait un froid terrible et, de plus, les conducteurs de tramways se sont mis en grève. Aussi tous les habitants de la ville sont-ils obligés de faire de l'auto-stop.

Sur le trottoir d'un quartier résidentiel, un petit monsieur attend. Fort bien habillé, très digne, il porte un chapeau melon et s'abrite sous un grand parapluie noir, déjà à moitié couvert de neige. De nombreuses voitures sont passées devant lui, mais le monsieur est si bien élevé qu'il n'ose pas leur faire signe.

Au bout d'une demi-heure cependant, un automobiliste curieux s'arrête devant cette statue noire et, baissant sa glace, demande :

— Pardon, monsieur, allez-vous en ville ?

Le petit monsieur s'ébroue, fait tomber la neige qui commence à le recouvrir et répond :

— Oui, monsieur.

— Voulez-vous monter dans ma voiture ?

— Avec grand plaisir, monsieur, merci.

Le conducteur ouvre la porte de l'auto et dit :

— Asseyez-vous près de moi sur le siège avant.

Le petit monsieur très gentil s'assied et commence par remercier longuement et chaudement le conducteur :

4 LA POLITESSE MÊME...

— Vous êtes vraiment très aimable de vous être arrêté pour moi par ce temps horrible.

— C'est la moindre des choses quand les tramways sont en grève. Tous les jours j'offre ainsi une place à deux ou trois piétons transis de froid...

— Je vous félicite de tout mon cœur. Et ces piétons doivent aussi vous être très reconnaissants, je suppose.

— Hélas ! non, cher monsieur. Ils ne sont pas tous comme vous, qui êtes la politesse même. A peine montés dans ma voiture, les uns critiquent ma manière de conduire, les autres inspectent l'intérieur de mon auto d'un air dégoûté. C'est très décourageant de voir la race humaine sous cet angle. Certains me font arrêter au milieu de la circulation, d'autres me disent qu'ils sont en retard, que je vais trop lentement, comme si j'étais un chauffeur de taxi.

— Au contraire, ils devraient vous remercier de leur rendre service.

— C'est ce que je crois aussi, mon cher monsieur, et je suis content que vous soyez assez gentil pour me dire cela. Mais neuf sur dix de mes passagers ne me remercient même pas quand ils descendent. Hier, j'ai fait trois milles de plus pour conduire un homme d'affaires devant la porte de son bureau. Vous croyez qu'il m'a dit merci ? Pas du tout. Il a grommelé : « Je suis en retard, j'aurais mieux fait de prendre un taxi. » Aussi, quand je tombe sur quelqu'un comme vous, cela me réconforte pour longtemps. Au fait, où allez-vous ?

— Je travaille dans un bureau au coin de la rue

Sainte-Catherine et de la rue Guy. Tenez, déposez-moi donc ici, puisque le feu est au rouge.

Et, ce disant, le petit monsieur très poli ouvre la portière de la voiture, descend en hâte tout en se confondant en marques de gratitude. Mais au moment où il referme la portière, un caoutchouc tombe de la voiture dans la neige boueuse. Instinctivement il se penche pour ramasser la chaussure et la rendre à son propriétaire. Il n'en a pas le temps : le feu du croisement passe au vert et la voiture démarre aussitôt.

— Monsieur, monsieur, vous oubliez votre caoutchouc, se met à crier le petit monsieur en agitant vivement l'objet au-dessus de sa tête. Mais le conducteur ne le voit ni ne l'entend. Alors n'écoutant que sa bonté naturelle, le petit monsieur s'élance à la poursuite du véhicule et, remarquant qu'une glace est ouverte, à l'avant de la voiture, il vise approximativement et jette vivement le caoutchouc à l'intérieur.

Malheureusement, le caoutchouc atteint le conducteur en plein visage et, du fait du mouvement de la voiture, avec une force considérable.

Et le passager trop poli voit le véhicule s'éloigner, emportant le conducteur qui, éberlué, se frotte désespérément le visage noir de boue.

Alors le vieux petit monsieur trop poli baisse les yeux, et laisse échapper un cri de surprise en regardant ses pieds : un de ses caoutchoucs a disparu !

D'après Bruce West

Ecriture médicale

PERSONNAGES :

M. Martin
Le docteur Dumas
Le facteur
Mme Dumas
M. Lebrun, *pharmacien*

M. MARTIN SE PROMÈNE dans la grand-rue de Montélimar, où il est avocat. Il fait beau et il regarde au loin le soleil briller sur le parc. Soudain un grand coup sur son épaule le tire de sa rêverie et le fait sursauter. Il se retourne, furieux :

— Dites donc, espèce d'imbécile...

Un éclat de rire lui répond :

— Ne me reconnaissez-vous pas ? Je suis votre vieil ami Dumas. Nous étions au collège ensemble et nous ne nous sommes pas revus depuis au moins quinze ans.

— Est-ce bien vrai ? Mais c'est extraordinaire ! Je ne vous aurais jamais reconnu. Vous avez tellement changé !

— Vous aussi, Martin, sauf votre démarche. Vous souvenez-vous du surnom qu'on vous avait donné ? Papillon !

— Quelle mémoire vous avez ! Que faites-vous dans notre ville ?

— Je viens de m'installer ici comme médecin.

— Bravo ! Alors nous allons pouvoir nous revoir bientôt.

— Naturellement, et dès que vous voudrez. Seulement, comme je suis médecin et que je viens d'ouvrir mon cabinet, je suis très occupé.
— Qu'à cela ne tienne ! Rentrez chez vous. Consultez votre livre de rendez-vous et téléphonez-moi pour me dire quand vous serez libre pour venir à la maison. Votre jour sera le mien et je suis sûr que ma femme sera ravie de vous avoir à dîner.
— Malheureusement mon téléphone n'est pas encore installé.
— Alors envoyez-moi un mot.
— D'accord. Dès ce soir. Au revoir, mon cher, à très bientôt.

*
* *

Le lendemain matin, le facteur sonne à la porte de M. Martin :
— Bonjour, monsieur !
— Bonjour, facteur.
— J'ai ici une lettre que je crois pour vous, mais l'écriture est illisible. D'après l'en-tête imprimé sur l'enveloppe, elle provient d'un certain docteur Dumas.
— Oui, c'est un de mes amis.
— Alors, voici, monsieur.
— Merci.
M. Martin ouvre l'enveloppe et se prépare à lire la lettre de son ami. Mais elle est si mal écrite que, même en mettant ses lunettes, M. Martin ne parvient pas à déchiffrer les mots, qui ne ressemblent à rien.

Alors, il appelle sa femme :
— Juliette ?
Celle-ci répond de la cuisine :
— Qu'y a-t-il ?
— Viens voir cette lettre.
Mme Martin prend la lettre en mains :
— Ça, une lettre ? C'est un gribouillis...
— Si, c'est une lettre de Dumas, le médecin dont je t'ai parlé. Il doit nous annoncer dans cette lettre la date de sa visite.
— Oui, tu as raison, je crois deviner là le mot « visite ». Qu'allons-nous faire ?
— J'ai une idée !
— Laquelle ?
— Cette lettre a été écrite par un médecin. Or les pharmaciens ont l'habitude de déchiffrer l'écriture des médecins. Portons donc cette lettre à M. Lebrun, notre pharmacien...
— Bravo, donne-moi la lettre. J'y vais tout de suite.
Et Mme Martin descend à la pharmacie du coin.

*
* *

M. Lebrun, le pharmacien, accueille sa cliente avec un grand sourire :
— Bonjour, madame Martin, qu'y a-t-il pour votre service ?
— Bonjour, monsieur Lebrun. Voici un mot de M. le docteur Dumas. Ni mon mari ni moi n'avons pu le déchiffrer.

— Montrez-le-moi.

Mme Martin lui donne la lettre. Il la lit avec attention :

— Mais voyons, c'est très clair. Si tous les médecins écrivaient aussi lisiblement, notre travail serait si simple. Voulez-vous m'attendre un instant, je vous prie.

Et M. Lebrun passe dans son officine. Il en ressort quelques instants plus tard, tenant à la main une petite bouteille bleue sur laquelle il colle une étiquette :

— Voici, dit-il, prenez deux cuillerées de ceci trois fois par jour. Ça fera douze francs cinquante.

Le Parfait Vendeur

PERSONNAGES :

M. Pugnet, *agent d'assurances*
Le commis voyageur
Mme Pugnet
M. Vergier, *facteur*

M. PUGNET TRAVAILLE dans son bureau. On frappe à la porte. Avant qu'il ait pu dire « Entrez ! », le battant s'entrouvre et un visage épanoui apparaît dans l'embrasure :
5 — Monsieur Pugnet ?
— C'est bien moi. Voulez-vous une police d'assurance ?
— Non, monsieur. Mais j'aimerais vous présenter ma dernière invention.
10 — Un autre jour, monsieur. J'ai trop de travail.
— Ne dites pas non, vous le regretterez.
Et, d'autorité, l'homme entre et vient s'installer en face de M. Pugnet. Ce dernier, furieux, mais résigné, dit :
15 — Bon, mais faisons vite.
L'homme sort de sa serviette une petite boîte, appuie sur un bouton. Le couvercle se soulève et révèle, sur un coussinet de velours rouge, un fume-cigarette doré.
20 — Voici l'objet, monsieur.
— Et alors, c'est un simple fume-cigarette.
— Un fume-cigarette, oui. Mais simple, non.

Il introduit une cigarette dans l'appareil. Aussitôt on entend les notes aigres d'une boîte à musique. Le vendeur s'écrie, triomphant :
— Voilà. Qu'en dites-vous pour vos clients ? Combien en voulez-vous ? Une douzaine ?

M. Pugnet est exaspéré :
— Ecoutez, monsieur. Cet objet ne m'intéresse pas le moins du monde. Faites-moi le plaisir de sortir...
— Pas avant que vous n'ayez essayé mon invention vous-même.

Voulant se débarrasser de l'individu au plus vite, M. Pugnet prend l'appareil, y introduit une cigarette, l'allume, tire une bouffée. Une explosion retentit, suivie d'une lueur aveuglante. Quand M. Pugnet rouvre les yeux, la cigarette s'est transformée en une fusée de feu d'artifice. Le vendeur part d'un grand éclat de rire :
— Sensationnel, n'est-ce pas ? Je vous en mets une douzaine ?
— Fichez-moi le camp et tout de suite.
— Mais...
— Il n'y a pas de « Mais... » Tenez, combien coûte votre instrument de torture ?
— Vingt francs.
— C'est du vol, mais enfin voici vingt francs. Donnez-moi l'objet et délivrez-moi de votre présence.

Quand M. Pugnet rentre chez lui, le soir, sa femme l'accueille d'un air mystérieux :
— Mon chéri, j'ai une surprise pour toi.
— Montre-la vite.

Mme Pugnet ouvre un tiroir, en sort une petite boîte, appuie sur un bouton. Le couvercle se soulève et révèle à M. Pugnet un coussinet de velours rouge sur lequel repose un fume-cigarette doré.

— J'ai pensé qu'il te plairait.

M. Pugnet n'a pas l'air enchanté du tout. Il regarde l'objet d'un œil plein de haine :

— Où as-tu pris cela ? demande-t-il enfin sombrement.

— C'est un vendeur qui fait du porte à porte. Il m'a tellement importunée que je n'ai pu faire autrement.

— Et tu l'as payé vingt francs.

— Comment le sais-tu ? dit-elle d'un ton penaud.

Sans mot dire, M. Pugnet tire de sa poche son fume-cigarette à musique et à explosion et le met sous les yeux de sa femme. Elle a compris.

— Au moins tâchons d'en rendre un, dit-elle.

— Impossible. Ce vendeur diabolique doit reprendre le train de 20 h 25...

Il consulte sa montre :

— Et il est 20 h 20.

— Tiens, dit Mme Pugnet qui regarde à cet instant par la fenêtre, voici justement M. Vergier, le facteur, qui s'apprête à partir pour la gare en voiture...

M. Pugnet se précipite :

— Holà, monsieur Vergier !

— Qu'y a-t-il ?

— Vous allez à la gare ?

— Oui.

— Voulez-vous me rendre un service ?
— Volontiers.
— Vous verrez sur le quai un commis voyageur. Retenez-le par tous les moyens jusqu'à ce que j'arrive, le temps de mettre mes chaussures. Je serai là dans cinq minutes.
— D'accord.

M. Vergier démarre à toute allure, arrive à la gare au moment où le haut-parleur annonce le départ du train.

— Monsieur, monsieur ! crie le facteur en apercevant le commis voyageur sur le marchepied d'un wagon. Attendez ! M. Pugnet veut vous parler !

— M. Pugnet ? Ah oui, je sais. Il veut m'acheter un de mes fume-cigarette à musique. Mais le train va partir et je ne peux pas le manquer pour une si petite affaire.

— Si ce n'est que cela, répond l'obligeant M. Vergier, donnez-moi l'objet. Je vais vous le payer. M. Pugnet me remboursera. C'est combien ?

— Vingt francs seulement. Voici. Au revoir et merci.

Et le train s'ébranle. M. Pugnet arrive hors d'haleine, juste à temps pour voir le fourgon disparaître au bout du quai.

— Heureusement que j'étais là, dit M. Vergier. J'ai acheté ce que vous vouliez.

— Acheté quoi ?

— Ce fume-cigarette, pardi. Vous me devez vingt francs.

Le Curé de Cucugnan

PERSONNAGES :

L'abbé Martin, *curé de Cucugnan*
Saint Pierre
L'ange du purgatoire
Le démon de l'enfer

CUCUGNAN EST UN PETIT VILLAGE de Provence, calme et paresseux au soleil du Midi, avec sa place ombragée de platanes, les oliviers dans la campagne environnante, et les cigales dans les pins. C'est pres-
5 que le paradis sur terre. Presque, car il y a au moins une personne qui n'est pas contente à Cucugnan, et c'est l'abbé Martin, le curé du village. Pourquoi ? Parce que les Cucugnanais ne viennent plus à l'église. Le dimanche, ils vont au cabaret, ou bien se
10 promener. Le confessional est plein de toiles d'araignées. Le pauvre abbé a tout essayé pour sauver ses paroissiens de la perdition, mais en vain.

Il commence à désespérer quand une nuit il fait un rêve. Il se trouve à la porte du paradis. Il frappe.
15 La porte s'ouvre et saint Pierre, les clefs à la main, apparaît. Il dit :

— Bonjour, monsieur Martin.

— Bonjour, beau saint Pierre.

— Qu'y a-t-il pour votre service ?

20 — Pouvez-vous me dire combien vous avez de Cucugnanais en paradis ?

— Attendez. Je vais mettre mes lunettes et regarder dans mon gros livre. Voyons un peu : Cucugnan. C... u... Cu... Cu-cu-gnan. Mon brave monsieur Martin, la page est toute blanche. Pas plus de Cucugnanais en paradis que d'arêtes dans une dinde.

— Comment ! Personne de Cucugnan ? Ce n'est pas possible...

— Les saints ne mentent jamais. Regardez vous-même.

— C'est épouvantable.

— Mon brave monsieur Martin, ne vous tourmentez pas ainsi. Ce n'est pas votre faute après tout. Vos Cucugnanais doivent faire un petit séjour en purgatoire. Tenez. Chaussez vite ces sandales. Maintenant, marchez droit devant vous. Vous trouverez une porte d'argent marquée d'une grande croix noire. Frappez. On vous ouvrira. Au revoir...

L'abbé Martin se met en route. Il marche longtemps... longtemps sur un petit sentier plein de ronces et de serpents. Il finit par arriver devant la fameuse porte d'argent. Il frappe. Une grosse voix demande :

— Qui est là ?

— M. Martin, le curé de Cucugnan.

— De... ?

— CUCUGNAN.

— Ah ! Entrez.

Le prêtre entre et voit un grand et bel ange avec des ailes sombres comme la nuit, qui écrit dans un grand livre, bien plus gros que celui de saint Pierre.

— Que voulez-vous ?

— Je veux savoir si vous avez ici des Cucugnanais.

— Des quoi ?

— Des gens de Cucugnan. Je suis leur curé.

— Attendez, que je consulte mon registre. Cucugnan... Non, monsieur Martin, nous n'avons en purgatoire personne de Cucu... enfin de là où vous dites. Mais, saint homme, ils doivent être en paradis...

— Justement, j'en viens, du paradis...

— Alors, que voulez-vous, s'ils ne sont ni en paradis ni en purgatoire, il n'y a pas de milieu. Ils sont en...

— En... Vous voulez dire en... Enfin, en bas... Mon Dieu, mon Dieu...

— Si vous voulez en être sûr, prenez ce petit chemin, courez vite jusqu'à un grand portail. Vous ne pouvez pas vous tromper, c'est l'entrée de l'enfer.

Le long sentier est tout pavé de braise rouge. Quelle chaleur ! Mais grâce aux sandales de saint Pierre, le bon prêtre ne se brûle pas les pieds. Enfin, il arrive devant un énorme portail, tout bâillant comme la porte d'un grand four. On sent la chair rôtie... On entend des gémissements, des hurlements. Un démon cornu pique l'abbé Martin de sa fourche et lui demande :

— Eh bien, tu entres ?

— Non, moi, je n'entre pas, je suis un ami de Dieu.

— Si tu es un ami de Dieu, que diable viens-tu faire ici ?

— Je viens... Je viens voir si, par hasard, vous n'auriez pas ici quelques-uns de mes Cucugnanais.

— Mais dis donc, toi, tu te moques de moi. Tu ne sais donc pas que tout Cucugnan est ici. Regarde.

En effet, au milieu d'un épouvantable tourbillon de flammes, l'abbé Martin voit tous les habitants du village : le père Galinet, qui se grise si souvent; la petite Catherine, qui aime un peu trop les garçons; Pascal, qui vole des olives à son voisin; et Dauphine, qui dit du mal de tout le monde; et Pierre, et Jacques, et Léon et tous leurs parents et amis. Sur cette vision horrible, l'abbé Martin se réveille en sursaut.

Mais dès le lendemain, il monte en chaire et raconte son rêve à ses paroissiens :

— ... Vous sentez bien, mes frères, que ceci ne peut pas durer. Je veux vous sauver de l'enfer. A partir de demain, je vais confesser tout le village. Lundi, les vieux et les vieilles : ce n'est rien. Mardi, les enfants : j'aurai bientôt fini. Mercredi, les garçons et les filles : cela pourra être long. Jeudi, les hommes : nous couperons court. Vendredi et samedi, les femmes : je dirai « Pas d'histoires ! » Et si dimanche nous avons fini, nous aurons de la chance. Amen.

Et il exécute fidèlement ce qu'il a décidé. Depuis ce dimanche mémorable, le parfum des vertus de Cucugnan se respire à dix lieues à la ronde. Et le brave abbé Martin a rêvé l'autre nuit que, suivi de tout son troupeau, il entrait triomphalement en paradis.

Rien ne sert de mentir...

PERSONNAGES :

M. Lebel
Madeleine, *sa femme*
Suzanne Tracol, *la voisine*
M. Arsac
M. Tracol, *le mari de Suzanne*
Un agent de police

— NON, MADELEINE, tu ne la conduiras pas avant d'avoir ton permis.

Ainsi s'exprime, en partant pour son bureau, M. Lebel, qui vient d'acheter une nouvelle voiture. Blanche, nickelée, éblouissante, l'automobile est là, dans l'allée, devant la maison. Quelle tentation ! Dès que le mari est parti, voici qu'arrive Suzanne Tracol, la voisine.

— La magnifique voiture ! dit-elle, pleine d'admiration. Viens vite, Madeleine, allons l'essayer.

— Impossible. Mon mari m'a interdit d'y toucher.

— Mais il n'en saura rien !

— Je n'ai pas encore mon permis de conduire !

— Ça se conduit tout seul, ces voitures modernes ! Et puis nous n'irons pas loin. Juste un petit tour dans le quartier ! Cela te fera la main.

Madeleine ne peut plus résister. Les deux femmes montent dans l'auto et les voilà parties dans la grand-rue de la ville. Naturellement, ce qui devait arriver arrive. Un feu rouge, Madeleine appuie sur l'accélérateur au lieu de peser sur la pédale du frein et l'auto neuve vient s'écraser contre un autre véhicule garé au bord de la route. Heureusement, les deux amies ne sont pas blessées, mais les pauvres voitures sont en piètre état ! Comme par hasard, le conducteur de l'autre voiture est là sur le trottoir, s'apprêtant à mettre une pièce de monnaie dans un parcomètre. Quand il se retourne, l'arrière de son auto est en accordéon. Voyant que la coupable est une jeune et jolie femme, il garde son sang-froid et s'approche :

— Avez-vous vos papiers, madame ?

— Quels papiers ?

— Votre permis de conduire, votre certificat d'assurance ?

Mais Suzanne intervient :

— Mon amie a laissé tout cela chez elle. Voici l'adresse : c'est tout à côté. Seriez-vous assez gentil pour faire pousser notre voiture jusqu'au bord du trottoir ? Puis venez nous rejoindre chez mon amie. Nous serons plus à l'aise pour régler tout cela.

Et les deux femmes rentrent à pied, dévorées d'inquiétude.

— Comment annoncer la nouvelle à mon mari ? demande Madeleine. Une voiture neuve ! Et il m'avait interdit de la toucher. Il va me tuer !

— Ne nous affolons pas ! coupe Suzanne. D'abord tu penses bien qu'il ne faut pas lui dire la vérité. Allons chez moi. Tu téléphoneras à la police et tu diras que ta voiture a été volée. On la retrouvera accidentée et on croira qu'elle a été abandonnée par le voleur. Ça arrive tous les jours.

Ainsi font-elles. Mais pendant qu'elles sont chez Suzanne, M. Lebel rentre chez lui en compagnie de M. Tracol, le mari de Suzanne, qu'il a rencontré en route.

— Entrez prendre un verre, dit-il à son voisin.

— Volontiers, merci. Et je veux voir votre nouvelle auto...

A ce moment, M. Lebel aperçoit, par la fenêtre, un véhicule entrer lentement dans l'allée du garage.

— Ma parole, dit-il, on dirait ma voiture.

C'est bien elle, tôles cabossées, vitres en miettes, conduite par un monsieur qui descend bientôt et se présente :

— Je suis M. Arsac. C'est avec moi que votre femme a eu son accident.

— Ma femme, un accident ? dit M. Lebel, le souffle coupé.

— Ah, je vois. Elle ne vous a rien dit. Oui, elle m'a demandé de garer sa voiture au bord de la route, mais comme elle roule encore, j'ai préféré la ramener ici.

M. Tracol éclate de rire :

— Mon pauvre Lebel ! Ces femmes sont toutes les mêmes, et vous allez voir l'histoire qu'elle va vous raconter quand elle rentrera !

— Madeleine ne ment jamais ! proteste Lebel.

— Voulez-vous parier, monsieur ? dit M. Arsac. Je suis prêt à jouer dix dollars qu'elle ne vous dira pas la vérité.

— Moi aussi, dit M. Tracol.

Piqué au vif, M. Lebel réplique :
— Bon, pari tenu.
— D'accord, dit M. Tracol. Je vais conduire la voiture dans la rue voisine. Car si Madeleine la voit, elle comprendra tout de suite...
Et il s'éloigne.
— Quant à moi, dit M. Arsac, je me cache dans votre chambre à coucher, car elle me reconnaîtrait !
Un quart d'heure plus tard, Madeleine et Suzanne rentrent, l'air satisfait. Elles ont téléphoné à la police. On est à la recherche de la voiture. Madeleine embrasse son mari :
— Bonjour, mon chéri. Bonne journée ?
— Excellente. Et toi ?
Suzanne prend la parole :
— On vient de vous voler votre voiture, là, devant la porte, pendant que nous étions sorties, Madeleine et moi.
— Par exemple !
— Oui, nous venons de téléphoner à la police. On va sans doute la retrouver.
— Est-ce vrai, Madeleine ? dit le mari en regardant sa femme droit dans les yeux.
Madeleine rougit, bafouille, hésite, puis se jette en pleurant dans les bras de son mari :
— Pardon, mon chéri. C'est ma faute. J'ai voulu conduire la voiture neuve et nous avons eu un accident.
En entendant ces mots, M. Arsac sort de sa cachette, un billet à la main :

— Bravo, monsieur Lebel, voici vos dix dollars. Vous avez une femme exceptionnelle.
— Vous, ici? s'exclame Madeleine. Que signifie tout cela ? Et pourquoi ces dix dollars ?
M. Lebel n'a pas le temps de répondre. On sonne à la porte. C'est un agent de police :
— Madame Lebel, s'il vous plaît ?
— C'est bien moi, dit Madeleine.
— Vous avez bien téléphoné à la police pour déclarer le vol de votre voiture ?
— Oui.
— Nous l'avons retrouvée, madame. Voici les clefs. Mais le voleur nous a donné du fil à retordre. Ils sont tous les mêmes. Ils vous racontent les fables les plus insensées. Le vôtre, lui, voulait nous faire croire qu'il était votre voisin !

L'Anniversaire d'Aline

PERSONNAGES :

André, *étudiant*
Aline, *sa fiancée*
Le commissaire-priseur

ALINE EST ÉLÈVE de première au lycée. André est étudiant à la Faculté de Droit. Ils sont fiancés. Un soir, au cours d'une de leurs promenades dans le quartier des antiquaires, ils passent devant une vitrine où sont exposés des bijoux curieux et anciens. Soudain, Aline s'exclame :

— André, regarde ce bracelet...

— Oui, il est beau, mais il n'a rien d'extraordinaire.

— Tu n'as donc pas vu la pierre ?

— Quelle pierre ?

— La pierre précieuse montée sur le bracelet ! C'est une opale.

— Et alors ?

— Je te l'ai dit si souvent... C'est ma pierre préférée. Sois gentil. Achète-moi ce bijou.

— Ce que tu es coquette ! Enfin, si tu le veux... Entrons.

Dans la boutique, André désigne le bracelet au commerçant :

— C'est combien, je vous prie ?

Celui-ci fait un signe de tête négatif :

— Je regrette, monsieur, mais ce bracelet n'est pas à vendre. Il doit être mis aux enchères ici même, demain samedi à onze heures.

— Impossible, dit André. J'ai des cours toute la matinée.

La jeune fille hausse les épaules :

— Tant pis. Ce n'était qu'un caprice. N'y pensons plus.

Mais, de toute la nuit suivante, elle ne peut fermer l'œil, tant elle est obsédée par le souvenir du merveilleux joyau. Elle se voit faire miroiter la grosse opale devant les yeux émerveillés de ses camarades d'école en disant :

— Elle est belle, n'est-ce pas ? C'est André qui me l'a offerte.

Au matin, elle n'y tient plus, et à onze heures la voici qui pénètre dans la grande salle des ventes. On vient juste de présenter à la foule le bracelet dans un écrin de cuir rouge. L'opale brille d'un éclat doux, tentateur et complice. Le commissaire-priseur crie :

— Mise à prix : cent francs.

Cent francs ! Le prix de la nouvelle paire de chaussures qu'elle veut s'acheter pour le bal de ce soir ! Tant pis ! Comme dans un rêve, elle entend une voix, la sienne, lancer :

— Preneur !

Le commissaire reprend :

— J'ai preneur à cent francs. Qui dit mieux ?

Visiblement, le bracelet n'intéresse personne. Il va

être adjugé à notre jeune coquette quand une jeune fille, très belle et très élégante, qui vient d'entrer dans la salle, jette :

— Cent dix francs.

Le cœur d'Aline bondit. Qui est donc cette impertinente qui veut lui ravir « son » bracelet ? Elle lui lance un regard furibond, puis, sans même réfléchir qu'elle n'a que cent francs dans son sac, elle crie :

— Cent vingt francs.

Calmement, l'inconnue réplique :

— Cent trente.

Dès lors, le rythme des enchères s'accélère :

— Cent quarante, dit Aline.

— Cent cinquante, proclame la voix.

— Cent soixante.

L'inconnue, derrière elle, hésite un instant, puis lâche :

— Deux cents francs !

Deux cents francs pour un bracelet qui n'en valait pas la moitié ! C'est de la folie. La mort dans l'âme, Aline se tait. Elle entend le commissaire-priseur scander les trois annonces traditionnelles :

— Deux cents francs une fois... Deux cents francs deux fois... Deux cents francs trois fois... Adjugé... Vendu.

Le maillet retombe. La jeune fille s'avance vers l'estrade, jette en passant un coup d'œil méprisant sur Aline, paye, prend livraison de l'écrin rouge et s'éloigne.

*
* *

Huit jours plus tard, les fiancés se retrouvent au restaurant pour fêter l'anniversaire d'Aline. Au dessert, celle-ci dit :

— André, il faut que je te dise... Tu sais, le bracelet...

— Chut ! coupe André, en mettant un doigt sur les lèvres de sa compagne. Regarde.

Et il tire de sa poche un petit paquet enrubanné qu'il place sur l'assiette d'Aline. La jeune fille s'empresse de l'ouvrir. A la vue du contenu, elle s'exclame :

— Mais André, c'est le bracelet. Que je t'aime ! Mais comment as-tu pu l'avoir ?

— A la vente aux enchères, naturellement. Tu en avais tellement envie. Comme je ne pouvais m'y rendre, j'ai demandé à la secrétaire de mon père d'y aller à ma place. Cela n'a pas été sans mal d'ailleurs : il y avait là, m'a-t-elle dit, une petite têtue qui le voulait aussi à tout prix. Elle a fini par abandonner, mais il était temps. La secrétaire n'avait plus un sou dans son sac.

Le Renard et le loup

PERSONNAGES :

Le renard
Le loup
Un chasseur

LE RENARD RENTRE CHEZ LUI et se prépare à faire griller des anguilles. Il allume du feu dans la cheminée, enfile les poissons sur des broches. Un fumet délicieux se répand dans la pièce.

Tout à coup, on frappe à la porte. Le renard demande :

— Qui est là ?

Une voix lui répond :

— C'est moi, le loup. Ouvre ta porte.

Le renard dit :

— Bonjour, loup. Mais je ne peux pas t'ouvrir la porte.

Le loup s'étonne :

— Pourquoi pas ?

— D'abord, parce que tu es mon ennemi et que tu cherches à me tuer. Ensuite, parce que je fais rôtir des anguilles. Je veux les manger seul et en paix.

Le loup supplie :

— Je te promets, renard, que je ne te ferai pas de mal. Je n'ai rien mangé depuis le commencement de l'hiver. Donne-moi un morceau d'anguille. J'ai

senti le parfum qui sort par ta fenêtre et cela me donne encore plus faim.

Le renard répond :

— Rien à faire. Tu n'entreras pas et tu ne mangeras pas mes anguilles.

Le loup demande alors :

— Donne-moi au moins le moyen de trouver des anguilles comme toi.

Le renard est rusé et malin. Il veut jouer un bon tour à son vieil ennemi. Il dit alors gentiment :

— Je veux bien te dire comment tu peux attraper des anguilles. Viens ici demain matin de bonne heure. Nous irons ensemble.

Le soleil est à peine levé quand le loup gratte à la porte du renard. Le pauvre loup a rêvé toute la nuit de magnifiques anguilles rôties. Il a très mal dormi et il est impatient de partir. Le renard dit :

— Allons.

Et ils se dirigent ensemble vers un étang qui se trouve non loin de la maison du renard. La surface en est entièrement gelée. A quelques mètres du bord de l'étang, le renard a remarqué un trou que les paysans des environs viennent de creuser dans la glace pour y puiser de l'eau.

Le renard s'arrête et montre le trou au loup :

— C'est ici que j'ai pris mes anguilles.

Le loup affamé demande :

— Mais comment as-tu fait ? A la ligne, au filet?

Le renard explique :

— C'est plus simple que tout cela. Prends ce seau.

Il désigne un seau laissé au bord du trou par les paysans. Il continue :

— Attache-le à l'extrémité de ta queue et laisse-le pendre dans l'eau. Les anguilles, attirées par l'odeur de la viande, viendront en foule.

Le loup fait ce que le renard a dit. Le voici accroupi sur la glace, la queue pendant dans l'eau froide, avec le seau au bout !

— Et maintenant, dit le renard, nous n'avons plus qu'à attendre. Quand tu sentiras un poids très lourd au bout de ta queue, tu tireras d'un seul coup et tu auras un seau plein d'anguilles.

Au bout d'une demi-heure, le loup grelottant, tente de retirer sa queue de l'eau. Mais entre-temps la glace s'est reformée à la surface de l'étang et elle emprisonne fortement la queue du loup. Voyant les efforts de son partenaire, le renard dit :

— Le seau doit être plein de poissons maintenant. Partons.

Le loup réplique :

— Il y en a trop. Le seau est trop lourd. Je ne peux pas le soulever. Aide-moi.

Le renard répond :

— Excuse-moi. Je suis très pressé. J'ai un rendez-vous urgent.

Et le voilà qui s'en va, courant à toute allure à travers les champs.

Se sentant pris et comprenant enfin le piège, le

pauvre loup tire aussi fort qu'il le peut, mais en vain, la glace résiste. Il devient furieux et se met à hurler pour appeler à l'aide.

En entendant ce cri, les paysans des environs accourent. Ils voient le loup et s'apprêtent à le tuer. L'un d'entre eux crie :

— Au loup, au loup !

Il s'approche, tenant à la main un grand couteau et veut frapper le loup. Mais celui-ci se débat si fort que le paysan le manque. Le couteau glisse sur la fourrure de l'animal et, au lieu de toucher la tête, vient lui couper la queue au ras du dos !

Avec un hurlement de douleur, le loup trop crédule profite de cette occasion pour s'enfuir vers les bois où il échappe de justesse aux chiens des paysans qui le poursuivent. Si jamais le renard lui tombe sous la patte, il passera un mauvais moment !

D'après Le Roman de Renart

Le Franc disparu

PERSONNAGES :

Le premier voyageur
Le deuxième voyageur
Le troisième voyageur
Le gérant de l'hôtel
Le chasseur

CETTE HISTOIRE est pour les forts en arithmétique.
Dans un grand hôtel parisien, trois voyageurs viennent d'arriver. L'un d'eux s'approche du bureau de réception et demande :
— Avez-vous une chambre pour mes amis et moi-même ? Nous sommes très fatigués.
Le gérant de l'hôtel répond :
— Certainement, monsieur, le 315, mais c'est la dernière.
— Et ce sera combien ?
Le gérant regarde, du coin de l'œil, les trois voyageurs. Ils sont bien habillés et paraissent avoir de l'argent.
— Trente francs, hasarde-t-il.
Le voyageur réplique :
— Mais c'est très cher !
— C'est le prix, monsieur. D'ailleurs, si vous ne voulez pas la prendre, vous êtes libre, mais vous n'en trouverez pas d'autre en ville à cette heure-ci.
— Bien, nous la prenons. Faites-nous monter nos bagages par le chasseur.

— Veuillez auparavant remplir vos fiches. C'est obligatoire.

Les trois voyageurs écrivent sur les fiches leur nom, leur adresse et leur profession. Puis ils prennent l'ascenseur pour monter dans leur chambre.

Le gérant de l'hôtel examine les fiches : « Dupont Roger, inspecteur de police; Antoine Pierre, inspecteur de police; Reboul Georges, inspecteur de police ».

— Sapristi, se dit-il. Et moi qui viens de leur louer trente francs une chambre qui est marquée vingt-cinq. Ils sont sans doute venus pour me prendre en flagrant délit. Que faire ?

Il appelle :

— Chasseur !

— Oui, monsieur ?

— Tiens, prends ces cinq pièces d'un franc et porte-les aux messieurs de la chambre 315. Tu leur diras que je me suis trompé dans le prix de leur chambre.

— Bien, monsieur.

Mais, dans l'ascenseur, le jeune chasseur se dit :

— Ces voyageurs ne savent pas combien m'a donné le gérant. Je vais garder deux francs pour moi et je vais leur remettre seulement trois francs.

Et, en effet, le chasseur malhonnête frappe à la porte du 315, et dit au premier voyageur, qui vient lui ouvrir :

— Monsieur, le gérant a fait une erreur sur le prix de votre chambre et m'a dit de vous rendre trois francs. Les voici.

— Merci beaucoup, répond le voyageur.

Et, se tournant vers les deux autres :

— Ainsi la chambre ne nous coûte que vingt-sept francs au lieu de trente. Je vais téléphoner au gérant pour le féliciter de son honnêteté.

Il va prendre le récepteur quand le chasseur, affolé, s'écrie :

— S'il vous plaît, monsieur, ne dites rien au gérant. J'ai essayé de vous voler. J'ai gardé deux francs pour moi. Les voici.

Mais l'inspecteur dit :

— Nous voulons bien nous taire, à condition que tu nous rendes tout ce que tu as dérobé. Or nous avons donné trente francs au gérant. Tu nous as rendu trois francs. La chambre nous coûte donc vingt-sept francs. Si tu nous rends encore deux francs, cela ne fera que vingt-neuf francs. Il manquera encore un franc.

Le chasseur proteste :

— Mais je vous assure qu'il ne me reste que deux francs.

L'inspecteur coupe court :

— Mes amis et moi sommes inspecteurs de police. Veux-tu aller en prison ? Non. Alors, rends-nous les trois francs que tu as volés.

Et le chasseur, ébahi, doit donner un franc de sa poche...

Serez-vous plus malins que lui, et pourrez-vous expliquer où est passé le franc disparu ?

(Solution p. 106)

La Tête du poisson

PERSONNAGES :

M. Heurtier, *homme d'affaires*
M. Baratin, *voyageur de commerce*
Le patron du restaurant

M. HEURTIER EST UN JEUNE HOMME qui vient de se lancer dans les affaires. Mais son entreprise ne marche pas bien. Un jour, au cours d'un voyage à Lyon, il entre dans un restaurant. La salle est pleine et il doit
5 partager sa table avec un autre client. Il se présente :

— René Heurtier. Je suis dans les affaires.

Le monsieur réplique :

— Je m'appelle Claude Baratin et je suis voyageur de commerce.

10 Ils s'asseyent tous deux et se mettent à manger. M. Heurtier demande :

— Comment vont les affaires ?

— Admirablement. J'ai trop de commandes. Je suis en train de faire fortune. Et vous ?

15 M. Heurtier répond :

— Pas très bien. Si cela continue, je vais être obligé de fermer mon usine. Comment faites-vous pour réussir si brillamment ?

M. Baratin sourit mystérieusement, puis dit à voix
20 basse :

— J'ai un secret infaillible.

— Vraiment ? Ne pouvez-vous pas me le révéler ?

M. Baratin hésite un instant, puis déclare :

— Ecoutez. Vous m'êtes sympathique et j'ai pitié de vous. Vous voulez vraiment connaître mon secret ?
— Mais oui !
— Eh bien ! Regardez ce qu'il y a dans mon assiette.
— Du poisson...
— C'est là mon secret !
— Vous vous moquez de moi ?
— Jamais de la vie.
— Ce poisson n'a rien d'extraordinaire. C'est une simple truite.
— En effet, mais voilà : je mange toujours la tête de mes poissons. Elle contient une substance extraordinaire qui vous donne un sens invincible des affaires : vous battez vos concurrents sans la moindre difficulté; vous persuadez vos clients en un tournemain; vous ne faites jamais d'erreurs; vos décisions sont toujours sages. C'est merveilleux.
— Dites que c'est incroyable.
— Il ne vous coûte rien d'essayer.
— Vous avez raison.
Et M. Heurtier appelle :
— Patron ?
— Voilà, voilà...
Le patron s'approche et interroge :
— Monsieur désire ?
— J'aimerais une truite entière comme monsieur.
— Je suis désolé, monsieur, mais monsieur a eu la dernière. Il ne m'en reste plus.
— Alors donnez-moi un autre poisson, n'importe lequel, un merlan, une carpe...

— Plus de merlan, plus de carpe...
— Alors, une morue...
— Une morue entière, monsieur ?
— Oui, entière, et avec la tête.
— Navré, monsieur, mais c'est aujourd'hui vendredi et tout le monde a demandé du poisson. En revanche, il me reste encore des filets de morue.
— Non, je veux un poisson entier, avec la tête.
— Avec la tête ?
— Avec la tête.
Le patron, ahuri, réplique d'un air pincé :
— Non, monsieur, je n'ai pas de poisson « avec la tête ».
Et il s'éloigne en haussant les épaules, bougonnant :
— Ma foi, ce client est complètement fou.
M. Heurtier dit alors :
— Ecoutez, monsieur Baratin, je veux à tout prix essayer votre système. Donnez-moi votre truite.
M. Baratin secoue la tête.
— Je regrette, cher monsieur, mais je n'ai pas encore pris ma dose quotidienne de tête de poisson. Comme j'ai un très important client à voir cet après-midi, il me faut jouir de toutes mes facultés.
M. Heurtier, visiblement nerveux, insiste, supplie. Rien n'y fait. Alors il propose un marché à M. Baratin :
— Tenez, je vous achète votre poisson. Cent francs.
— Impossible.
— Deux cents francs.
— Impossible.

— Cinq cents francs.
— Impossible.

M. Heurtier ne se contient plus :

— Il me faut absolument cette tête de poisson. Je vous en offre mille francs.

M. Baratin regarde son confrère d'un air incrédule, puis, conciliant :

— Puisque vous y tenez tant, d'accord. Mais c'est bien pour vous faire plaisir. Donnez-moi les mille francs.

M. Heurtier sort son portefeuille.

— Les voici.

— Merci. Et maintenant voici votre poisson.

Les deux hommes échangent leurs assiettes. Voracement, M. Heurtier se précipite sur la truite qu'il avale, de la queue à la tête, en quelques instants. A peine a-t-il absorbé la tête du poisson qu'il regarde son interlocuteur et dit :

— Mais je suis un imbécile. Au lieu de vous payer mille francs cette tête de poisson, je n'avais qu'à aller à la poissonnerie du coin, y acheter pour deux ou trois francs un poisson quelconque et demander au cuisinier de me le préparer.

Alors M. Baratin s'exclame, triomphant :

— Vous voyez ! Je vous l'avais bien dit. Vous commencez à y voir clair en affaires. La tête de poisson est infaillible.

A distrait,
distrait et demi...

PERSONNAGES :

Le professeur Alfred
Le professeur Alexandre

IL FAIT TRÈS FROID DEHORS. Dans la cheminée du salon confortable, brûle un grand feu de bois. Près de l'âtre, enfoncés dans de profonds fauteuils, deux vieux messieurs conversent, tout en dégustant une tasse de café fumant.

— Mon cher Alfred, dit le premier, je ne comprends pas comment est née cette légende qui veut que tous les professeurs soient distraits.

— Moi non plus, mon cher Alexandre. C'est une calomnie pure et simple. Les professeurs ne sont pas plus distraits que les autres humains.

— Peut-être, mais rien n'échappe à nos étudiants et ils sont toujours prêts à critiquer nos moindres défauts.

— Ni vous ni moi, nous ne sommes anormalement distraits. Mais reconnaissons tout de même que certains de nos collègues ne sont pas exempts de tout reproche à cet égard. Tenez, vous connaissez Aubert ?

— Le professeur de mathématiques ?

— Oui. Je suis allé chez lui l'autre jour. Il était seul, sa femme était en voyage. Il m'a invité à déjeuner avec lui. Tout en continuant à me parler des satellites artificiels, il a voulu faire cuire un œuf à la coque.

— Comment, « voulu » faire cuire ?

— Il a mis de l'eau à bouillir dans une casserole. Il a pris un œuf dans le frigidaire. Il a tiré sa grosse montre de la poche de son gilet et l'a plongée dans l'eau bouillante tout en regardant fixement son œuf, qu'il tenait dans la main gauche, pendant trois minutes !

Les deux professeurs éclatent de rire. Onze heures sonnent. Un lourd silence tombe sur la pièce. Poliment, Alfred étouffe un bâillement. Alexandre, sans enthousiasme, reprend :

— Connaissez-vous l'histoire qui est arrivée au docteur Matthieu, de la Faculté de Médecine ?

— Non.

— Il était parti aux Etats-Unis pour un voyage d'études de trois mois et, pendant son absence, sa femme avait changé de bonne. Quand il rentre chez lui, l'esprit absorbé par de hautes préoccupations, il pleut à verse. Il sonne à la porte, et la nouvelle bonne vient lui ouvrir, sans le reconnaître, bien entendu. Il la regarde, puis demande :

« — Euh ! Mademoiselle, suis-je bien chez le professeur Matthieu ?

« — Oui, monsieur.

« — Est-il là en ce moment ?

« — Non, monsieur, il est en voyage, mais nous l'attendons incessamment.

« — Parfait. Je vais donc l'attendre aussi. »

Et il s'assied sous le porche jusqu'à ce que sa

femme, curieuse de connaître ce visiteur importun, lui éclate de rire au nez en disant :

« — Mon pauvre ami, tu es incorrigible. »

Minuit vient de sonner à la pendule du salon. Les paupières des deux hommes sont lourdes de sommeil. Mais Alfred fait un vaillant effort pour ranimer la conversation.

— Pas plus tard qu'hier, il lui en est arrivé une autre tout aussi amusante. Vers six heures du soir, il arrive chez lui à pied. Sa femme lui demande :

« — Qu'y a-t-il ? Tu as eu un accident ? Où est la voiture ?

« — La voiture ? Quelle voiture ?

« — Mais la nôtre, bien entendu.

« — Mon Dieu, est-ce que j'ai pris la voiture ce matin ?

« — Naturellement. Tu avais rendez-vous en ville chez le docteur !

« — Comme c'est curieux ! Je me demandais aussi pourquoi, quand j'ai voulu payer le chauffeur du taxi, celui-ci avait disparu ! »

Une heure s'écoule encore. Alexandre regarde alternativement son interlocuteur et sa montre, sans la moindre discrétion. Puis, avec un soupir, il reprend :

— Heureusement que nous savons garder la clarté de notre esprit. Ce n'est pas comme Perdrières...

Mais Alfred l'arrête d'un geste :

— Mon cher Alexandre, vos histoires sont très amusantes et j'aimerais beaucoup vous écouter jusqu'à l'aube. Mais je tombe de sommeil et j'ai demain un cours à huit heures du matin. Alors, seriez-vous donc assez gentil pour rentrer chez vous ?

Alexandre bondit :

— Rentrer chez moi ! Mais, mon cher Alfred, je *suis* chez moi. Et depuis deux heures j'attends que vous vouliez bien aller vous coucher.

Une Femme au volant

PERSONNAGES :

M. Jaubert
Mme Barbet

IL EST MIDI. Sur la route nationale 7 entre Lyon et Marseille, il fait une chaleur torride. Au bord de la route, un jeune homme est penché sous le capot de sa voiture en panne. Il est furieux : il a tout essayé et sa
5 voiture refuse de partir.

Alors, en désespoir de cause, il referme le capot et se met en demeure d'arrêter un automobiliste et de lui demander son aide. Justement, voici qu'apparaît à l'horizon une splendide Jaguar. M. Jaubert — c'est le
10 nom de notre infortuné conducteur — se place au milieu de la route, lève les bras et fait de grands signes.

Avec un bruit déchirant de pneus, la Jaguar freine et s'arrête à quelques pas de M. Jaubert. Au volant, se trouve une charmante jeune femme aux cheveux
15 blonds. Elle se penche à la fenêtre et demande :

— Faites attention, voyons. Il est très dangereux de faire de l'auto-stop sur la grand-route.

— Mais je ne fais pas de l'auto-stop, madame. Mon auto est en panne là-bas. Auriez-vous l'obligeance de
20 me pousser sur quelques mètres pour la faire démarrer ?

La conductrice répond :

— Avec plaisir. Seulement, je n'ai mon permis de

conduire que depuis quelques jours. Alors, vous comprenez...

Et un grand sourire termine la phrase.

M. Jaubert répond :

— Je comprends très bien. Mais si vous suivez mes instructions à la lettre, tout se passera très bien. Rangez-vous sur le côté de la route, je vais vous expliquer.

La jeune femme arrête sa Jaguar derrière l'auto de M. Jaubert. Ce dernier lui dit :

— Ma voiture est toute neuve et comporte tous les derniers perfectionnements. Entre autres, elle est munie d'une transmission automatique...

— Une quoi ?

— Une transmission automatique. C'est le système qui permet de conduire sans débrayage.

La jeune femme ouvre ses grands yeux bleus :

— Un débrayage ?

— C'est la pédale sur laquelle vous appuyez avant de changer de vitesse...

— Changer de vitesse ?

M. Jaubert commence à s'impatienter :

— Mais enfin, vous avez votre permis de conduire, vous savez bien changer de vitesse.

— Non, monsieur, et je n'ai que deux pédales dans ma voiture.

De plus en plus nerveux, M. Jaubert réplique :

— Bon, c'est parce que vous avez, vous aussi, une transmission automatique.

— Vraiment ? Je l'ignorais. Vous savez, c'est mon mari qui a acheté la voiture.

— Qu'importe ? L'essentiel est de savoir ceci : le moteur de ma voiture ne pourra démarrer que lorsque vous aurez atteint la vitesse de soixante kilomètres à l'heure.

— Quel drôle de moteur ! Mon Dieu, mais c'est très dangereux. Vous êtes certain de ce que vous dites ?

— Mais oui, je vous assure. Je suis ingénieur, madame.

— Ah bon !

— Soyez gentille. Faites ce que je vous dis et dans une minute nous en aurons fini. Montez dans votre voiture et ne vous arrêtez pas avant d'atteindre soixante kilomètres à l'heure.

— Très bien, monsieur. Mais vous vous engagez à payer les dégâts ?

— Pourquoi voulez-vous, madame, qu'il y ait des dégâts ? Mais si, par extraordinaire, il y en avait, oui, je m'engage à les payer. De grâce, madame, allons-y. Reculez un peu et venez me pousser quand je ferai un signe du bras par la fenêtre de ma voiture. D'accord ?

— D'accord.

M. Jaubert se met au volant de sa voiture, tourne la clef de contact et, de son bras gauche, fait un signe à la jeune femme qu'il est prêt à être poussé.

Quelques secondes se passent. Sa voiture étant toujours immobile, il risque un coup d'œil dans son rétroviseur. Il voit la Jaguar reculer lentement à plus d'une centaine de mètres.

— Pourquoi reculer si loin ? se dit-il. Ah ! ces femmes !

Mais son exclamation se transforme vite en un cri de terreur. En effet il voit dans le rétroviseur la Jaguar foncer sur lui à une vitesse prodigieuse. Il n'a que le temps d'ouvrir la porte et de se jeter à terre. Un fracas terrible, des vitres qui volent en éclats, des éclairs, de la fumée...

M. Jaubert, péniblement, ouvre un œil. Quel spectacle ! Les deux belles voitures ne sont que ferrailles défoncées, que débris méconnaissables !

M. Jaubert se lève, court vers la Jaguar pour tirer la conductrice du tas de tôles, mais, à sa grande surprise, une des portières s'ouvre, laissant passer la jeune femme, légèrement échevelée et sa robe en lambeaux, mais en parfaite santé. Avant que M. Jaubert ait pu prononcer un mot, elle se précipite vers lui, pointant un doigt accusateur :

— Je vous l'avais bien dit. Vous en aurez au moins pour vingt mille francs.

— Mais vous êtes folle, madame !

— C'est vous qui êtes fou, monsieur, tout ingénieur que vous êtes. On n'a pas idée de me faire rouler à soixante kilomètres à l'heure pour vous pousser !

Les Joies du golf

PERSONNAGES :

M. Dupont
Le capitaine Durandal
Le premier caddie
Le deuxième caddie

DÉCIDÉMENT, c'est un sombre dimanche pour M. Dupont. Il ne joue pourtant pas plus mal qu'un autre, d'habitude, mais aujourd'hui la chance est contre lui : les clubs arrachent la terre, et évitent de toucher la balle. Ou bien, au contraire, celle-ci, poussée par un esprit malin, va se perdre à dix mètres du but. Et puis, M. Dupont a mauvais, très mauvais caractère. Naturellement, cela n'arrange rien. Son adversaire est le capitaine Durandal, fort médiocre joueur mais qui, très calme, sait aujourd'hui profiter des fautes de M. Dupont. De plus, le terrain est envahi par les joueurs du dimanche et le capitaine, qui ne ménage pas ses moqueries, a autour de lui un auditoire tout trouvé.

— Eh bien, monsieur Dupont, voici le sixième coup que vous venez de manquer. Qu'est-ce qui ne va pas ?

— C'est cet imbécile de caddie.

— Votre caddie ? Qu'est-ce qu'il a ? Ce jeune homme me paraît tout à fait normal.

— Non, monsieur, il n'est pas normal. Il éternue...

— Oui, et alors ?

— Alors, capitaine, il n'est pas normal d'éternuer

aussi souvent et aussi fort. Chaque fois que je m'apprête à tirer une balle, il éternue derrière mon dos et, comme je suis très nerveux, cela suffit à me faire rater mon coup.

— Vous plaisantez sans doute, mon cher ami ?

— Non, capitaine, je ne plaisante pas. Et, qui plus est, je pense que c'est vous qui l'avez payé pour qu'il éternue...

— Cette accusation est idiote et scandaleuse. Finissons cette partie et nous nous expliquerons au cercle.

Les joueurs se trouvent à ce moment-là au bord d'une nappe d'eau qu'il s'agit de faire franchir à la balle. Sagement, le capitaine pense qu'il vaut mieux perdre un coup à contourner la mare que de risquer de perdre la balle dans l'eau. Il l'envoie d'un coup bien net à trente mètres de là. M. Dupont éclate de rire :

— Vous êtes un poltron, capitaine. Moi, je vais envoyer ma balle tout droit par-dessus la mare et gagner la partie. Vous allez voir...

— Nous allons voir...

— Caddie, une balle.

M. Dupont dispose soigneusement la balle sur l'herbe, calcule minutieusement la distance à couvrir, lève son club et frappe. La balle effectue une magnifique trajectoire et vient retomber en plein milieu de la mare, avec un « plouf » ironique. Tous les assistants éclatent de rire sauf M. Dupont qui, furieux, pointe un doigt accusateur vers le pauvre caddie :

— C'est encore votre faute !

— Ma faute, monsieur ?
— Oui, votre faute...
— Comment cela ? Je n'ai pourtant pas éternué cette fois.
— Justement. Cette fois, j'avais prévu que vous éternueriez et j'avais calculé mon coup en conséquence.

Le capitaine intervient :
— Cette fois, c'en est trop. M. Dupont, permettez-moi de vous faire remarquer que vous vous rendez ridicule.

M. Dupont sent la moutarde lui monter au nez. Il éclate :
— Ah oui, vraiment ? Ridicule, moi ? Eh bien, capitaine, trouvez un autre imbécile pour jouer avec vous. Jamais plus je ne remettrai les pieds sur ce terrain pour apprentis. Jamais, vous m'entendez ? Tenez ma carte de sociétaire, voici ce que j'en fais. Je la déchire.

Et il joint le geste à la parole.
— D'ailleurs, ce jeu est stupide. Comment des adultes raisonnables peuvent-ils passer des heures à taper sur une balle avec des barres de fer ? C'est absurde. C'est fini. Je ne jouerai jamais plus.
— Mais, monsieur Dupont, ne vous emportez pas ainsi...
— Je m'emporterai si je veux, monsieur, c'est mon droit de citoyen libre et indépendant.
— Mais, voyons...

— Il n'y a pas de « Mais, voyons... » Désormais, vous jouerez sans moi.

A ces mots, il saisit son sac de golf, contenant une douzaine de clubs, et, d'un geste spectaculaire, l'envoie rejoindre la balle perdue au milieu de la mare. Puis, au milieu du silence stupéfait qui l'entoure, il se frotte les mains, salue l'assistance, et s'éloigne, fier comme Artaban, en direction du chalet.

Une heure se passe. Spectateurs et joueurs sont partis dîner. Seuls restent sur la pelouse le caddie du capitaine et celui de M. Dupont, en train de discuter de l'incident de l'après-midi. Tout à coup le premier dit :

— Attention, voilà Dupont qui revient...

— C'est, ma foi, vrai. Vite, éloignons-nous. Il vient sans doute te réprimander de nouveau.

— Allons nous cacher derrière cette haie, là-bas, au bout du pré.

Une fois à l'abri des regards indiscrets, les deux garçons suivent avec attention les gestes de l'irascible golfeur. Celui-ci jette autour de lui un regard soupçonneux, puis, convaincu qu'il est bien seul, s'avance rapidement vers le bord de la mare.

— Que fait-il ? demande le premier caddie.

— Je ne sais pas. Il est trop loin. Mais tu as des jumelles. Prends-les.

— Voilà.

— Que vois-tu ?

— Il s'assied, quitte ses chaussures... ses chaussettes, maintenant.

— Passe-moi les jumelles. A mon tour. Mon Dieu ! Çà alors !

— Que vois-tu ?

— Il retire son pantalon... Il entre dans l'eau... Il s'y jette à plat ventre. Je parie qu'il va se suicider.

— Allons vite avertir la police.

— Non, attends, il ressort. Qu'est-ce qu'il tient à la main ? Ah, c'est son sac de golf. Il est propre ! Plein de boue !

— Rends-moi les jumelles ! C'est vrai. Mais il est fou ! Il ouvre la petite poche... Il en tire quelque chose.

— Quoi, un revolver ?

— Non, c'est trop drôle !

— Dis vite, qu'est-ce que c'est ?

— Les clefs de son automobile.

Les Prisonniers

PERSONNAGES :

La mère
Berthine
Le commandant allemand
Nicolas Pichon
M. Lavigne

— BERTHINE, RENTRE VITE ! Il va faire nuit. Il y a des Prussiens et des loups qui rôdent.
— Me voilà, mère. Fermons bien les portes et les fenêtres.
5 — Voilà qui est fait. Maintenant nous sommes en sécurité.
— Je ne sais pas pourquoi je suis inquiète. A quelle heure doit rentrer le père ?
Le père, c'est Nicolas Pichon, garde forestier près
10 de la frontière, pendant la guerre franco-allemande de 1870. Nous sommes dans sa cabane. La mère répond :
— Il ne rentrera pas avant onze heures, comme d'habitude.
15 — Ecoute. J'entends du bruit. On marche dans le bois.
A ce moment, on entend une grosse voix, à l'accent fortement germanique, qui hurle :
— Oufrez !
20 Berthine et sa mère ne disent mot, effrayées.

La voix reprend :
— Oufrez, ou che gasse la borte !
Berthine crie, à travers le battant :
— Qui êtes-vous ? Que voulez-vous ?
La voix reprend :
— Che suis le chef tu tétachement brussien. Nous sommes bertus tans le pois. Oufrez ou je gasse la borte !
Berthine obéit et tire le verrou. Le chef prussien salue et dit :
— Che ne fous ferai bas de mal, mais fous nous ferez à mancher !
Quand le repas est prêt, les soldats (ils sont six) se repaissent voracement, puis, épuisés, s'endorment sur le sol, les pieds au feu de la cheminée. Ils se mettent à ronfler tous les six, sur des tons différents, divine symphonie...
Berthine écoute un instant. Elle se demande comment elle pourrait bien se débarrasser de ses encombrants visiteurs. Soudain son regard tombe sur la trappe de la cave...
— Quelle bonne idée ! se dit-elle.
Elle se place au milieu de la salle, puis se met à hurler :
— Voilà les Français ! Ils sont au moins deux cent !
Réveillés en sursaut, les soldats sautent sur leurs armes. Le chef demande, en se frottant les yeux :
— Que faut-il faire ?
Berthine répond :

— S'ils vous trouvent ici, ils vont brûler la maison et vous tuer tous. Descendez dans la cave, et surtout ne faites pas de bruit.

Le chef hésite, puis dit :

— Che feux bien. Che feux bien.

Tous les soldats descendent en hâte dans la cave. Alors Berthine ferme la trappe et pousse l'énorme verrou. Alors elle éclate de rire :

— Mère, mère, ça y est, les voici prisonniers.

Quelques minutes plus tard, cependant, les Prussiens ont compris ce qui leur arrive. Une voix assourdie monte de la cave :

— Oufrez.

Berthine, penchée sur la trappe, répond en riant :

— Che n'oufre pas !

Des coups retentissent. Ils frappent sur la trappe avec les crosses de leurs fusils. La voix du commandant s'élève de nouveau :

— Oufrez ou che gasse la borte !

La mère s'inquiète :

— Mais ils vont tout casser !

— Penses-tu ! Tu sais bien que cette cave a servi de prison pendant la Révolution.

Peu à peu, cependant, la fréquence des coups diminue. Un long silence s'établit, que trouble tout à coup un aboiement de chien. Berthine s'exclame :

— C'est le père qui rentre. Ce n'est pas trop tôt. Enfin, père, vous voilà !

— Qu'est-ce qui se passe ?

— Attention, dit Berthine, ne passe pas devant le soupirail. Il y a des Prussiens dans la cave.
— Des Prussiens dans la cave ? Qu'est-ce qu'ils font ?
— Je les ai mis au frais ! Retourne vite à Rethel chercher la milice. Elle les fera prisonniers pour de bon.

*
* *

Une heure plus tard, la vaillante milice de Rethel, prévenue par Nicolas Pichon, est sur le pied de guerre. Son héroïque commandant, M. Lavigne, officier d'habillement en retraite, a réuni deux cents hommes valides et leur a confié à chacun un fusil et deux cents cartouches. Sous les ovations de la population, les braves miliciens partent pour l'aventure...

Quand ils arrivent près de la maison forestière, le commandant Lavigne les dispose tout autour, avec des ruses de Sioux. Puis il entre dans le repaire de l'ennemi, frappe du pied sur la trappe et appelle :
— Monsieur l'officier prussien ?
Pas de réponse.
— Monsieur l'officier prussien, je vous ordonne de vous rendre.
Toujours pas de réponse. M. Lavigne sent la colère l'envahir. Il déclare :

— Puisque c'est ainsi, nous allons offrir à boire à messieurs les Prussiens.

Il ordonne de démonter les gouttières de la maison et organise un conduit d'eau de la pompe à la trappe dans laquelle il a fait percer un petit trou rond. Il ajoute :

— Nous allons diviser la compagnie en groupes de travail qui se relaieront de cinq minutes en cinq minutes à la pompe. Premier groupe, en position. Vous êtes prêts ? Bon. A mon commandement, POM-PEZ. POM-PEZ. POM-PEZ.

Et la pompe se met en marche, régulièrement, inexorablement. Pendant des heures, on entend l'eau ruisseler dans les gouttières, puis s'écouler avec un gentil glouglou dans la cave.

Bientôt l'ennemi s'agite. On l'entend remuer des tonneaux, patauger, discuter. Vers huit heures du matin, une voix enrouée se fait entendre par le soupirail :

— Che fou barlé à monsieur l'officier français.

M. Lavigne réplique :

— Vous rendez-vous ?

— Che me rends.

— Alors passez les fusils par le soupirail.

— Foilà.

Et un, puis deux, trois, quatre, cinq et six canons de fusil apparaissent par la sombre ouverture. L'officier prussien reprend :

— Che n'ai blus. Tébêchez-fous. Che suis noyé.

Alors le commandant Lavigne, triomphant, lance l'ordre :

— Arrêtez... pompe. Bien, ouvrez la trappe. Doucement.

Du trou noir, l'on voit sortir, l'un après l'autre, les six Prussiens grelottants, ruisselants, effarés. Les deux cents miliciens se saisissent d'eux, les ficellent comme des saucissons, puis les ramènent à Rethel. On fait un triomphe aux valeureux héros. Et, le dimanche suivant, M. Lavigne, commandant en retraite de la garnison, se voit décorer de la Médaille militaire pour avoir capturé, au péril de sa vie, toute une avant-garde prussienne.

D'après Guy de Maupassant

L'Horloge

PERSONNAGES :

L'hôtesse
L'homme de la Gestapo

LA SCÈNE SE PASSE À PARIS pendant la guerre de 1939-45. Les troupes allemandes occupent Paris. Dans la maison d'une actrice célèbre, connue pour ses idées anti-germaniques, plusieurs personnes sont réunies autour d'une table, en apparence pour dîner. En réalité, ce repas sert de prétexte à une réunion organisée par la Résistance pour présenter le nouveau chef régional venu d'Angleterre et qui porte le pseudonyme de « commandant Valmy ».

On vient d'apporter les hors-d'œuvre quand tout à coup un coup de sonnette impératif se fait entendre. Un jeune homme qui montait la garde dans le vestibule fait irruption dans la salle à manger :

— Madame, madame, hurle-t-il, c'est la Gestapo !

Tous les convives se lèvent ensemble. Sans perdre son sang-froid, la maîtresse de maison déclare :

— Ne nous affolons pas. Le commandant Valmy mis à part, personne ici n'est suspect. Continuons à manger comme si de rien n'était. Quant au commandant, j'ai pour lui une cachette à toute épreuve.

Et elle montre du doigt l'horloge, une magnifique horloge Louis XIII qui occupe le mur opposé à la fenêtre, un meuble énorme, haut et large comme une armoire.

Le commandant Valmy a compris. Comme il est mince, il se glisse sans difficulté dans le vaste coffre, par la porte latérale, referme celle-ci sur lui, immobilisant ainsi le balancier.

Une seconde à peine plus tard, un homme portant le brassard de la Gestapo se présente sur le seuil de la salle à manger. Il fait un salut impressionnant de la main droite :

— Heil Hitler ! Je suis à la recherche du commandant Valmy, qui a été parachuté hier dans la région pour prendre la tête de la rébellion. Je sais qu'il est ici. Votre concierge l'a vu entrer dans l'immeuble il y a une heure. Où est-il ?

La maîtresse de maison n'a pas l'air troublé. Elle réplique :

— Je ne sais ce que vous voulez dire. Nous sommes ici un groupe d'amis réunis pour faire un bon repas. C'est tout. Nous n'avons jamais entendu parler de votre commandant Valmy.

— Mais puisqu'on l'a vu entrer ici !

— Il est sans doute ailleurs dans l'immeuble. D'ailleurs, si vous en doutez, fouillez mon appartement. Vous n'y trouverez personne que nous.

— Ainsi ni vous ni vos invités ne connaissez le commandant Valmy ?

Tous les assistants nient énergiquement. Alors l'homme de la Gestapo déclare :

— Puisque c'est ainsi, mesdames et messieurs, veuillez continuer votre repas. Mais, si vous permettez, je vais le partager avec vous.

L'hôtesse sent l'effroi la gagner. Mais que faire ?

A contrecœur, elle dit à l'homme de prendre place à table.

— Quelle heure est-il ? demande soudain ce dernier. Ma montre est arrêtée.

Et il jette un coup d'œil autour de lui à la recherche d'une pendule. Son regard se fixe sur l'horloge.

— Eh ! eh ! s'exclame-t-il, quelle magnifique horloge !

Il se lève et s'approche du meuble qu'il examine avec attention, sous les yeux des convives qui retiennent leur souffle.

Il reprend :

— Du pur Louis XIII ! Et elle marche toujours ?

— Naturellement, répond sans réfléchir la maîtresse de maison. Vous le voyez bien, elle marque neuf heures.

L'homme revient prendre place à table et se met à manger de bon appétit, sans quitter l'horloge des yeux. Soudain, il repose sa fourchette et demande :

— Si elle marche, comment se fait-il qu'elle ne fasse aucun bruit ?

L'hôtesse, épouvantée, répond :

— Oh, elle s'arrête de temps à autre ! Il suffit de taper deux ou trois fois sur le coffre pour la remettre en marche.

Et, joignant le geste à la parole, elle frappe trois petits coups sur la caisse.

Le commandant Valmy, plus mort que vif dans sa boîte, saisit le sens de cet avertissement et, d'une voix égale et sourde, il imite le bruit d'un balancier.

— Tic, tac, tic, tac...

— Merveilleux, dit l'homme de la Gestapo, qui se remet à manger avec entrain.

Le repas se déroule normalement mais dans un silence pénible. Pour donner le change, l'hôtesse tente d'entretenir la conversation, mais sans succès. Le cœur n'y est pas. Et pendant tous les intervalles de cette heure mortelle que dure le dîner, on n'entend que le tic, tac, tic, tac de l'horloge qui marque plus ou moins régulièrement l'écoulement des secondes.

Après le dessert, la maîtresse de maison propose à ses hôtes de passer au salon pour le café. Mais l'homme de la Gestapo se lève et dit :

— Il faut que je m'en aille, chère madame. J'ai fait un excellent repas et je vous en remercie.

Il salue à nouveau, désigne du doigt le cadran de l'horloge, et dit en clignant de l'œil à l'adresse de l'hôtesse :

— Toujours neuf heures ! Quel dommage que les aiguilles de votre horloge ne tournent pas !

La Chasse au pilou

PERSONNAGES :

Le directeur du Zoo
Son adjoint
M. Fanfarone, *chasseur de fauves*
Le gardien du Zoo

LE DIRECTEUR DU JARDIN ZOOLOGIQUE de Vincennes est hors de lui. Dans le dernier numéro de la revue savante *Le Petit Zoologiste*, il vient de lire un violent article, écrit par un de ses collègues du Zoo de Berlin, où il est dit que Vincennes n'est qu'un zoo de deuxième ordre : les animaux y appartiennent tous à des espèces communes, quelques lions, une douzaine de singes, un cirque, quoi.

Le directeur montre l'article à son adjoint.

— C'est épouvantable, dit ce dernier, mais que faire ?

— Je ne sais pas. Montrer à ce monsieur que nous avons ici quelque animal extraordinaire qui ne se trouve dans aucun autre établissement.

— Monsieur le directeur, je viens justement de lire un ouvrage fort intéressant sur le pilou.

— Le pilou ? Qu'est-ce que c'est que ça ?

— Le pilou (*Pilovus giganteus*) est un oiseau de la famille de l'autruche dont on ne connaît que quelques spécimens au fond de la Patagonie.

— Et alors ?

— Il a une patte plus courte que l'autre, de sorte qu'il ne peut se déplacer que sur le flanc d'une colline. Certains sont gauchers et les autres sont droitiers. Les droitiers se déplacent dans le sens des aiguilles d'une montre, et les gauchers dans le sens contraire.

— Splendide. Télégraphiez vite en Patagonie pour qu'on nous envoie un ou deux pilous par le prochain bateau.

— L'ennui, monsieur le directeur, c'est que le pilou est un animal très intelligent et très rapide à la course. Personne n'a jamais pu le capturer vivant. Le seul spécimen qu'on ait pu examiner a été tué à coup de fusil.

— De mieux en mieux. Ainsi, nous aurons le seul pilou vivant au monde. Nous allons envoyer là-bas M. Fanfarone, le célèbre chasseur de fauves. Je lui téléphone à l'instant.

Et il saisit le récepteur.

— Allô, monsieur Fanfarone ? Etes-vous prêt à partir en Patagonie pour capturer un pilou ?

— Bien entendu. Tout de suite.

— Avez-vous déjà chassé le pilou ?

— Jamais, mais aucune importance. Nul animal ne me résiste.

— Alors partez dès demain. Bon voyage et bonne chance. Nous comptons sur vous.

Un mois plus tard, un avion ramène d'Amérique du Sud un monsieur Fanfarone en piteux état, une jambe dans le plâtre et un bras en écharpe.

— Mon Dieu, que vous est-il arrivé ? lui demande le directeur du Zoo de Vincennes, venu l'attendre à l'aéroport.

— C'est votre pilou. Mes pisteurs avaient repéré un magnifique spécimen et j'étais parti dès l'aube. Muni d'un grand filet, j'étais parvenu à quelques pas de la bête, quand elle m'a aperçu et s'est enfuie à toute allure. J'essaie de la rattraper, car sachant qu'elle ne peut courir qu'à flanc de colline, je sais qu'elle ne m'échappera pas...

— Ensuite ?

— C'est moi qui ne lui ai pas échappé ! Elle a fait si vite le tour de la colline qu'elle est venue m'attaquer par derrière à grands coups de pattes et de bec. J'ai roulé jusqu'au bas de la pente, de rocher en rocher, et me voilà.

Le directeur est désespéré. Il a déjà préparé une énergique et spirituelle réponse à l'adresse de son collègue de Berlin, « qui ne possède même pas un pilou ».

A ce moment le plus jeune des gardiens du Zoo demande à parler au directeur.

— Monsieur, envoyez-moi en Patagonie. Je vous promets de vous rapporter un pilou vivant.

— Comment prétendez-vous réussir là où le grand Fanfarone a échoué ?

— Par la psychologie, monsieur le directeur. C'est mon secret. Faites-moi confiance. Vous verrez.

Comme le directeur n'a pas grand-chose à perdre,

on expédie le jeune gardien par le premier avion en partance pour la Patagonie.

Quelques jours plus tard, un télégramme arrive d'Argentine : « PILOU CAPTURÉ ET EMBARQUÉ HIER SOIR DANS AVION PARIS ».

Et, en effet, deux jours plus tard arrive au Zoo une énorme caisse contenant l'extraordinaire volatile que l'on met aussitôt en cage sous la surveillance attentive du jeune homme.

Le directeur ne ménage pas ses félicitations à ce dernier et lui demande :

— Mais enfin, quel instrument avez-vous employé pour réussir cette capture ?

— Un sifflet, monsieur le directeur.

— Un sifflet ! Vous moquez-vous de moi ?

— Pas du tout, monsieur le directeur. L'animal a une patte plus courte que l'autre. Je me suis donc approché de lui, tout doucement, par derrière. Puis j'ai soufflé avec force dans mon sifflet. L'animal surpris, s'est retourné, a perdu l'équilibre, a culbuté. Deux minutes plus tard, nous l'avions ligoté !

Les Deux Télégrammes

PERSONNAGES :

Le général d'Hourville
L'inspecteur Grosset
Le petit monsieur
Un gendarme

LE RAPIDE MARSEILLE–PARIS ROULE à toute allure dans la nuit. Tous les voyageurs dorment. Seul un compartiment de première classe est encore allumé. Trois hommes s'y trouvent, qui discutent avec animation.

L'un est en uniforme de général. Il parle d'une voix forte et autoritaire. Le deuxième est sans doute un haut fonctionnaire. Il est élégamment vêtu et porte à sa boutonnière le ruban de la Légion d'honneur. Quant au troisième, c'est un petit homme quelconque, assez âgé, au visage aimable agrémenté d'une barbe bien coupée et d'une moustache grisonnante.

La conversation roule sur le sujet dont tout le monde parle : l'arrestation imminente, selon les journaux, du célèbre voleur Caméléon qui, comme son nom l'indique, sait si bien passer inaperçu que la police le recherche en vain depuis deux ans.

— Je vous dis qu'on ne l'arrêtera pas, dit le général, en s'adressant au monsieur à la Légion d'honneur. Vous, l'inspecteur Grosset, le plus fin limier de la police française, vous ne savez même pas où il est à l'heure actuelle.

— Mais, mon général, c'est que Caméléon n'est pas un voleur ordinaire. On ne sait pas à quoi il ressemble. Personne n'a jamais pu en donner une description exacte. Ce pourrait être n'importe qui, ce monsieur par exemple...

Le petit monsieur sursaute :

— Moi, monsieur l'inspecteur ?

— Je plaisante, naturellement. Mais on dit qu'il porte toujours un masque sauf lorsqu'il fait un mauvais coup.

— Ta ta ta, fait le général. Mauvaises excuses, monsieur l'inspecteur. Ce qu'il vous faut, c'est d'appliquer les méthodes de la police militaire. Tenez, moi, si j'étais à votre place, il y a bien longtemps que je l'aurais capturé, votre Caméléon...

— Facile à dire, difficile à faire, mon général.

— Quant à moi, intervient le petit monsieur, je crois que c'est un voleur de génie. Passer ainsi pendant deux ans entre les mailles du filet !

Le général réplique d'un ton péremptoire :

— Non, monsieur, ce n'est pas un génie. Je vous accorde qu'il a dévalisé plus de vingt banques en plein jour et sans armes, et qu'il a volé le portefeuille du président du Sénat pendant qu'il prononçait un discours. Qu'est-ce que cela prouve ? Cela prouve, monsieur, que la police ne fait pas son métier, et que ce Caméléon n'est qu'un petit imbécile qui a de la chance, voilà tout !

A ce moment même, le train entre en gare de Lyon. Le petit monsieur se lève et dit :

— Veuillez m'excuser. Il me faut envoyer un télégramme urgent à Paris.

Il se dirige vers le bureau de poste, sur le quai de la gare, et revient quelques instants plus tard, en se frottant les mains, s'asseoir dans le compartiment. Le train repart et la conversation reprend de plus belle. Tout à coup, un contrôleur fait coulisser la porte et demande :

— L'inspecteur Grosset est-il ici ?

— Oui, c'est moi-même.

— Nous venons de recevoir par radio le télégramme urgent que voici.

— Merci.

A la lecture du message, une intense surprise se fait jour sur le visage du policier qui jette un regard soupçonneux sur le général. En effet, le télégramme dit :

SÛRETÉ NATIONALE PARIS À INSPECTEUR GROSSET — SOMMES AVISÉS QUE CAMÉLÉON VIENT D'ASSASSINER GÉNÉRAL D'HOURVILLE, DE PRENDRE SES PAPIERS ET DE REVÊTIR SON UNIFORME. SE TROUVE DANS RAPIDE 277 DESTINATION PARIS. ENVOYEZ INSTRUCTIONS.

Calmement, avec l'assurance de l'homme rompu aux décisions rapides, l'inspecteur replie le télégramme, le met dans sa poche, reste quelques instants pensif, puis tire son carnet de sa veste, en déchire une page, y griffonne en hâte quelques lignes, appelle le contrôleur et lui dit :

— Veuillez télégraphier tout de suite ceci à Paris par radio. C'est très important.

Deux heures plus tard, le train entre en gare de Paris. Le petit monsieur rassemble ses bagages, puis passant la tête par la portière, s'écrie :

— Mon Dieu, mon Dieu ! Que se passe-t-il ?

C'est que le quai est occupé par plusieurs centaines de gendarmes, le revolver au poing.

L'inspecteur se tourne alors vers le général et ordonne brusquement :

— Haut les mains, Caméléon, cette fois vous êtes pris !

Le général ouvre de grands yeux :

— Quoi ? Comment ! Est-ce à moi que vous parlez ?

— Tu le sais bien, bandit. Ton compte est bon. Assassinat, port illégal d'uniforme, faux et usage de faux, c'est la guillotine.

— Quelle absurdité ! Je suis le général d'Hourville...

Mais deux gendarmes se présentent à la porte du compartiment et sur un signe de l'inspecteur se saisissent du général.

— Et celui-là ? demande un des gendarmes en désignant le petit monsieur, faut-il l'arrêter aussi ?

— Pas du tout, coupe l'inspecteur, monsieur est un ami. Je regrette cet incident, cher monsieur, et merci de votre compagnie. Sans votre présence, j'aurais pu, moi aussi, être assassiné.

— C'est moi qui vous remercie, dit le petit monsieur en s'esquivant. Sans vous, je serais peut-être en prison. Toutes mes félicitations ! Pour un coup de maître, c'est un coup de maître !

L'Elève fantôme

PERSONNAGES :

M. Monnet, *professeur d'histoire*
L'élève Taradel
L'élève Lauzon

JAMAIS ON N'A VU, dans aucun lycée canadien, classe plus indisciplinée. Il est vrai que l'école se trouve dans un des quartiers les plus populaires de Montréal, que les classes sont très nombreuses, que le proviseur n'est pas très énergique. Le Lycée Papillon a donc la réputation d'une maison où l'on s'amuse beaucoup et où l'on travaille très peu. Mais cette année, tous les records sont battus. M. Monnet, le professeur d'histoire, est débordé. Ses élèves sont de véritables démons.

Non seulement ils sont passés experts dans l'art de manipuler les accessoires traditionnels de l'élève dissipé : boules puantes, fluide glacial, animaux divers, boîtes à musique, etc. Mais encore ils font preuve d'originalité : l'élève Taradel, par exemple, a déclaré à tout le monde qu'il était dur d'oreille et qu'il avait besoin d'un appareil acoustique. Depuis, il apporte tous les jours en classe un poste de radio portatif à transistors qui, au moyen d'un écouteur fixé dans l'oreille, lui permet d'entendre, sans en avoir l'air, de la musique de jazz pendant les cours de latin et de suivre les matchs de football pendant les classes de mathématiques.

Lauzon, lui, est le grand spécialiste du chewing-gum. Son pupitre est constamment fourni de pâtes de toutes les couleurs et de tous les goûts, dont il fait les usages les plus variés. De temps à autre, avec la complicité de toute la classe, il entreprend ce qu'il appelle l'opération « toile d'araignée ». Il s'agit de mâcher consciencieusement un grand nombre de bâtons de chewing-gum, particulièrement de l'espèce dite «gomme à claquer », puis d'étendre entre les pupitres, dans le couloir où circule le professeur, un fin réseau de fils élastiques et collants. Le pauvre maître se lève de son bureau, descend dans la salle, passe entre les pupitres, tout en continuant à parler. Quand il regagne sa place, il a collectionné sur son complet des pieds de fils gluants où se collent ses mains et ses papiers, à la grande joie des cruels élèves...

Mais toutes ces farces commencent à lasser ces élèves particulièrement doués. Un jour, Taradel dit à Lauzon :

— J'ai une idée.

— Vas-y.

— Voilà. Nous allons créer un élève fantôme. Chacun dans la classe, à tour de rôle, va remettre au professeur une copie portant le nom d'un élève imaginaire. Nous l'appellerons, par exemple, Durandal...

— Formidable ! On commence quand ?

— Mais tout de suite !

Au cours de la récréation suivante, tous les élèves se concertent et le plan entre en application. Chaque fois que la classe rend un devoir, le professeur reçoit une copie supplémentaire portant le nom « Durandal, André ». Naturellement, il la corrige comme les autres, et la note varie suivant l'élève qui l'a rédigée. Il y a près de soixante élèves dans la classe : comment pourrait-il savoir que ledit Durandal n'existe pas ?

Peu à peu d'ailleurs, même dans l'esprit des élèves, Durandal prend une espèce de réalité. De temps à autre le maître dit :

— Durandal, au tableau ! Venez réciter votre leçon.

Il se trouve toujours quelqu'un pour répondre :

— M'sieur, Durandal est chez le dentiste.

Ou bien :

— Durandal a la rougeole !

Ou encore :

— Durandal s'est cassé la jambe.

Cette fois, M. Monnet riposte :

— Que Durandal m'apporte une lettre d'excuses de ses parents.

La situation devient dangereuse. Mais Taradel et Lauzon ont vite trouvé la solution. Ils achètent un canard, le placent dans un panier, chargent un ami de le porter au concierge du lycée avec un mot.

Une heure plus tard, c'est la dernière classe de l'année. M. Monnet décrit, à grand renfort d'éloquence, la bataille des plaines d'Abraham. Soudain on entend dans le couloir de retentissants « couin ! couin ! ». Le concierge entre, portant le panier d'où émerge la tête du canard affolé.

— C'est pour vous ! dit-il à M. Monnet, en lui tendant le bruyant colis et une enveloppe.

Et le maître, éberlué, lit le message suivant, tracé d'une main maladroite :

MONSIEUR,

Je vous prie d'excuser mon fils de n'avoir pu assister à votre classe la semaine dernière. J'avais besoin de lui à la ferme. D'ailleurs, vous ne le verrez plus car il vient de s'engager dans la Police montée. Avant de partir, il m'a dit de vous envoyer ce canard, avec tous ses remerciements.

La fin de l'année scolaire arrive, et la distribution des prix. Et qui obtient le prix d'excellence ? Vous l'avez deviné : Durandal, André !

De trop beaux bijoux...

PERSONNAGES :

La duchesse de Chantilly
Mme Duraton, *riche bourgeoise*
Le gentil jeune homme
L'agent de police

C'EST VENDREDI, et comme tous les vendredis, il y a soirée de gala à l'Opéra. La salle resplendit de toilettes et de bijoux. Le Tout-Paris s'est donné rendez-vous pour assister à la générale des *Indes galantes*,
5 de Rameau.

Dans une loge d'avant-scène se trouve la duchesse de Chantilly, en grande robe du soir. Elle est entourée de plusieurs messieurs en habit qui, tous, suivent avec intérêt les évolutions de la danseuse étoile.
10 La duchesse, elle, dort. Elle dort, mais les yeux grands ouverts, comme elle a appris à le faire depuis sa plus tendre enfance, quand elle est trop fatiguée au cours des cérémonies officielles. Son regard semble perdu dans le vague, loin, de l'autre côté de la salle.
15 Et précisément de l'autre côté de la salle, dans l'avant-scène qui fait face à celle de la duchesse, s'est établie Mme Duraton, femme de M. Duraton, directeur de la Société Duraton & Cie, pâtes alimentaires en gros. Mme Duraton est riche, extraordinairement
20 riche. Mais c'est la première fois qu'elle vient à l'Opéra. Son mari lui a fait réserver, naturellement, les places les plus chères. Pour la circonstance, elle

a mis ses plus beaux atours, s'est fait faire spécialement une coiffure des plus extravagantes et a répandu sur elle une invraisemblable quantité de bijoux : boucles d'oreille, collier, pendentif, broche. Tout le coffre-fort de son mari est en montre. Elle porte, en particulier, deux bracelets sertis de diamants, deux pièces de musée d'une valeur inestimable, dont elle fait jouer les feux en agitant constamment les bras.

Soudain, elle avise la duchesse, dont les yeux immobiles ont l'air de la fixer intensément. Elle pense avec satisfaction :

— Enfin, quelqu'un qui a remarqué mes bijoux !

Et elle esquisse un sourire qui, naturellement, reste sans réponse. A cet instant, un jeune homme en smoking apparaît à la porte de sa loge.

— Madame Duraton ? chuchote-t-il.

— Oui. Qu'y a-t-il ?

— Madame la duchesse de Chantilly a remarqué vos magnifiques bracelets. Elle demande si elle pourrait en examiner un de plus près.

— Mais avec plaisir, dit Mme Duraton, ravie de l'intérêt que lui témoigne une si grande dame. Portez-lui celui-ci dans sa loge.

Le jeune homme disparaît, emportant le bijou.

Le spectacle continue, puis arrive l'entracte. La duchesse fait quelques mouvements, à quoi l'on devine qu'elle s'est réveillée. Ne voyant pas revenir son bracelet, Mme Duraton envoie une ouvreuse prier la duchesse de bien vouloir le lui rendre, si elle a fini de l'examiner.

L'ouvreuse revient peu après : la duchesse ignore de quoi il s'agit.

Mme Duraton comprend alors qu'elle a été volée, bêtement volée. Mais elle se console en se disant qu'il lui reste au moins un des bracelets.

Quelques jours après, un homme portant le bel uniforme des agents de police parisiens sonne à la porte de son appartement.

— Je suis envoyé par le commissaire de police de votre arrondissement. Nous venons de capturer un voleur qui se trouve en possession d'une grande quantité de bijoux. Il a tout avoué et déclare vous avoir dérobé un de vos bracelets à l'Opéra la semaine dernière.

— C'est exact. Comme je suis contente que vous l'ayez retrouvé ! Heureusement je n'ai encore rien dit à mon mari. Où est le joyau ?

— Le commissaire le garde dans son coffre-fort.

— Que dois-je faire pour le recouvrer ?

— Le plus simple, c'est de me confier l'autre pour quelques minutes. En le comparant avec ceux que nous avons, nous pourrons facilement identifier le vôtre, et je vous rapporterai les deux pièces d'ici une demi-heure.

— Comme vous êtes aimable ! Voici l'objet. Dites-moi, qui a fait prendre le voleur ?

— C'est moi, dit l'agent avec modestie.

— Eh bien, voici votre récompense ! dit-elle en glissant un gros billet de banque dans la main de son interlocuteur. Non, ne me remerciez pas, c'est tout naturel, après le service que vous venez de me rendre. Au revoir et à tout à l'heure !

Pendant des heures, elle attendit le retour de l'obligeant serviteur de l'ordre, qui, on s'en doutait, ne reparut jamais. Honteuse et confuse, Mme Duraton ne songea même pas à déposer une plainte : la leçon avait porté ses fruits. Mais M. Duraton ne comprit jamais pourquoi, à partir de ce jour-là, sa femme refusa toujours de porter ses bijoux en public !

Le Gorille est mort

PERSONNAGES :

Le directeur du cirque
Le chef de ménagerie
Sertorius, *acteur en chômage*

— LE GORILLE EST MORT !

Quand le directeur du cirque Bibendum entend ce cri, il est consterné. Comment ! Le grand gorille d'Afrique, le plus fort et le plus redoutable de tous les singes, disparu ? L'anthropoïde dont l'effigie, trois fois agrandie dans des poses menaçantes ou cocasses, figure sur toutes les affiches publicitaires de l'établissement, et attire à elle seule plus de spectateurs, hommes, femmes et enfants, que tout le reste de la ménagerie, mort à jamais ?

— Impossible, pense le directeur du cirque, homme d'initiative et de décision. Il convoque sur-le-champ son chef de ménagerie.

— Voilà, dit-il. Personne ne sait que le gorille est mort ?

— Personne que vous et moi.

— Parfait. Pas un mot à quiconque. Maintenant, où est le corps ?

— Dans la roulotte du vétérinaire.

— Parfait. Faites-le dépecer.

— Le vétérinaire, monsieur ?

— Mais non, le gorille. Faites préparer la peau.

— Bien, monsieur le directeur.

— Ensuite, vous allez me trouver quelque part un acteur en chômage et lui dire de venir me parler.

Le soir même, un vieil acteur se présente à la roulotte du directeur du cirque :

— On m'a dit que vous cherchiez un acteur.

— C'est exact.

— C'est pour quel rôle ? J'ai joué les grands classiques, Corneille, Racine, Molière.

— Aucune importance. C'est pour remplacer notre gorille qui est mort hier soir. Vous allez vous mettre sur le dos la fourrure de l'animal et entrer dès demain dans sa cage. Faites rire les enfants, c'est tout ce que je vous demande.

— Moi, le grand Sertorius, vedette du Casino de Fouilly-les-Oies, dans la peau d'un singe ? Jamais de la vie !

— Ce sera cent francs par jour.

— J'accepte.

Quelques heures plus tard, le grand Sertorius, devenu grand gorille d'Afrique, entre dans la cage pour affronter une centaine d'enfants braillards qui se moquent de lui, lui offrent des cacahuètes, des bonbons, des bananes et fruits divers, voire des laitues et des tomates pourries. S'il ne mange pas, ils hurlent et vont se plaindre à la direction...

La première journée est une véritable torture, mais on s'habitue à tout : la deuxième journée est un peu moins pénible, la troisième presque supportable. Au bout d'une huitaine, Sertorius se dit :

— Après tout, ce métier en vaut un autre. Quand

je jouais sur les scènes de province, je n'ai jamais eu de public aussi enthousiaste que celui du cirque. Un rien les amuse : si je me frappe la poitrine en faisant « Grrr... », ils se tordent. Quand je pense aux efforts surhumains qu'il me fallait produire pour faire naître un pâle sourire sur les lèvres des amateurs de théâtre. Et puis, s'ils ne sont pas contents, au moins ici il y a les barreaux...

Aussi, dès lors, Sertorius se surpasse. Avec son instinct infaillible de cabotin, il a appris quelques trucs qui « marchent » à coup sûr : il se dandine, se gratte, fait des grimaces, imite les gestes idiots de ceux qui le regardent. Puis guidé et encouragé par les applaudissements, il saute, bondit, de grillage en grillage, de haut en bas, de bas en haut, tout autour de la cage. Physiquement, il se trouve fort bien de cet exercice forcé : en pleine forme, il se met à se balancer au trapèze volant. Doucement, d'abord, puis de plus en plus haut.

Jusqu'au jour où, grisé par les ovations, il présume de ses forces, lâche le trapèze et dans un magnifique vol plané se voit projeter par-dessus le grillage qui sépare sa cage de la cage voisine, celle des lions : trois énormes lions des savanes renommés pour leur férocité et qui ont, dit-on, dévoré déjà trois dompteurs !

Sertorius, sorti indemne de sa chute, mais à demi mort de frayeur, voit les trois fauves se lever lentement et s'avancer vers lui en se léchant les babines...

Derrière les barreaux, la foule a poussé un grand

cri, puis s'est tue, et le silence s'établit, pesant, que rompt soudain une brève exclamation de femme : un des fauves, le plus affamé sans doute, vient de bondir : le voici à quelques pouces du faux singe qui, collé aux barreaux du fond de la cage, peut déjà sentir sur lui l'haleine fétide du carnivore.

Oubliant son rôle, Sertorius, par instinct de conservation, veut appeler à l'aide. Mais au moment même où il ouvre la bouche pour crier « Au secours ! » le lion, d'un violent coup de patte, le renverse sur le sol et s'approche, la mâchoire grande ouverte, de la tête de l'acteur. Celui-ci croyant sa dernière heure arrivée, ferme les yeux et s'apprête à mourir, quand il entend ces mots, prononcés à voix basse par la gueule du fauve :

— Tais-toi, imbécile, ou on va tous nous mettre à la porte.

Une Vente difficile

PERSONNAGES :

M. Onésime Dupont, *propriétaire du grand magasin*
M. Pierre Séverin, *chef du rayon des vêtements d'hommes*
Un jeune employé

M. DUPONT EST LE DIRECTEUR d'un grand magasin de Paris. La marchandise n'y est pas de très bonne qualité, mais les prix y sont très bas et le public y vient en foule.

5   Chaque semaine M. Dupont fait le tour de son magasin. Il passe dans tous les rayons les uns après les autres. C'est ce que les employés appellent « l'inspection du général ».

Ce samedi-là, M. Dupont arrive au rayon des vête-
10 ments d'hommes. Le chef de rayon, M. Séverin, se précipite au-devant du directeur.

— Bonjour, monsieur le directeur. Comment allez-vous aujourd'hui ?

— Très bien, merci. Et vous ?

15 — Je me porte très bien.

— Vous vous portez peut-être très bien, mais on ne peut pas en dire autant de votre rayon. Regardez-moi ça. Nous sommes presque au mois de mai et il vous reste au moins une centaine de costumes
20 d'hiver. Il faut vous en débarrasser tout de suite, car les collections du printemps arrivent la semaine prochaine.

— Mais comment, monsieur le directeur ? Ces costumes sont de mauvaise qualité, et ne sont plus à la mode. Personne n'en veut.

— Cela, mon cher Séverin, c'est votre affaire. Je ne veux pas savoir comment vous allez vous y prendre, mais je vous donne huit jours pour liquider tout ce stock, sans exception. Si samedi prochain à la même heure, il reste encore un seul complet, je vous mets à la porte. Compris ?

— Compris, monsieur le directeur, dit M. Séverin, l'air penaud.

*
* *

Huit jours plus tard, M. Dupont repasse, fidèle à sa promesse, dans le même rayon. M. Séverin se précipite vers lui et lui dit :

— Bonjour, monsieur le directeur. Vous allez être content. Regardez. Plus un complet. Tout est vendu. Et croyez-moi, ça n'a pas été sans peine.

M. Dupont jette un coup d'œil satisfait autour de lui, puis s'arrête devant un costume qui pend solitaire dans un coin. Il dit :

— Et ça ?

— Comment, monsieur le directeur ?

— Je dis : et ça ? C'est un complet, n'est-ce pas, et ce complet n'a pas été vendu.

— Mais monsieur le directeur, ce complet est invendable : regardez vous-même. Il faudrait être fou pour l'acheter. Le pantalon et la veste ne sont pas de la même taille. Il est trop petit même pour un enfant. Il est rose. Une des manches est plus longue que l'autre. Ce vêtement est bon à jeter aux ordures.

Le directeur réplique :

— Mon cher Séverin, je vous ai nommé chef de rayon parce que vous étiez un excellent vendeur. Vous m'avez dit vous-même que vous pouviez vendre n'importe quoi, même la tour Eiffel. Prouvez-le.

— Mais, monsieur le directeur, je veux bien vendre la tour Eiffel, mais pas ce complet.

— Assez discuté. Si je vois ce complet ici lundi soir, je vous mets à la porte. Au revoir....

*
* *

Lundi soir, au moment de la fermeture du magasin, M. Dupont fait son apparition au rayon des vêtements d'hommes. Il demande :

— Où est M. Séverin ?

Un jeune employé se précipite et dit :

— A l'infirmerie, monsieur le directeur.

— A l'infirmerie ?

— Oui, monsieur le directeur. Voulez-vous que j'aille le chercher ?

— Oui, et tout de suite. Tiens, le fameux complet n'est pas là ?

— Non, monsieur le directeur. M. Séverin l'a vendu ce matin.

— Bon, bon, bon ! Allez vite me chercher ce parfait vendeur.

Quelques instants plus tard, on voit arriver M. Séverin, soutenu par le jeune employé. Il a bien piètre allure avec un bandage sur le crâne, des cicatrices sur les deux joues et un œil au beurre noir.

— Mon pauvre Séverin, dit le directeur, que vous est-il arrivé ?

— C'est le costume, répond M. Séverin d'un air piteux.

— Comment le costume ? Ah ! je comprends, pour vendre le fameux costume, vous avez dû vous battre avec le client...

Pas avec le client, monsieur le directeur, avec son chien.

— Avec son chien ?

— Oui, un affreux chien borgne qui ne voulait pas qu'on lui essaie le costume !

Une Procession mouvementée

PERSONNAGES :

M. Marcellin
Mme Marcellin
Airelle, *leur fille*
Un garçon

DANS L'ÉGLISE DU VILLAGE, le culte du dimanche de Pâques s'achève. Le chœur vient d'interpréter un oratorio et les chanteurs se forment en procession pour sortir de l'église, selon la coutume.

5 D'abord viennent les filles, puis les garçons, puis les femmes, puis les hommes, et enfin, fermant la marche, le maître de chapelle, absorbé dans son livre de chant : un bien joli spectacle pour les parents et amis qui remplissent la nef de l'église.

10 Les chanteurs avancent, tous du même pas, très lentement, suivant le rythme des grandes orgues. Tous portent la tunique blanche et, ouvert entre leurs mains, le cantique traditionnel.

— N'est-elle pas mignonne ? chuchote M. Marcel-
15 lin à sa femme au moment où la première des petites chanteuses passe à leur niveau.

— Comme une fleur, répond Mme Marcellin à son mari sur le même ton.

Il s'agit naturellement de leur fille Airelle, qui

chante pour la première fois dans le chœur de l'église et qui est toute fière de prendre part à la procession. Et elle est mignonne, en effet, avec ses yeux bleus et ses cheveux blonds. Pour l'occasion, elle a mis (c'est la première fois !) des chaussures à talons, de ces hauts talons aiguilles qui sont à la mode cette année. Ainsi, à douze ans, elle en paraît quinze.

En passant à côté d'eux, sans tourner la tête, Airelle fait un sourire à l'adresse de ses parents, quand, tout à coup, elle trébuche.

— Mon Dieu, dit Mme Marcellin. Elle va tomber.

L'un de ses talons hauts s'est pris dans une grille d'aération qui se trouve au milieu de l'allée. Que faire ? Se pencher ? Arrêter la procession ? Airelle n'y songe pas un instant et, faisant preuve d'un remarquable esprit d'initiative, elle retire simplement son pied de la chaussure et continue sa marche, imperturbable, sans que personne ne se soit aperçu de rien.

Personne, sauf un des petits chanteurs qui suit immédiatement Airelle dans la procession. Il a remarqué la chaussure coincée dans la grille et, sans hésiter, se baisse rapidement pour la ramasser. Il tire, tire, le soulier résiste. Il tire plus fort et se retrouve tenant à la main la chaussure... et la grille.

— Tant pis, pense-t-il. Il faut à tout prix éviter de troubler le bon ordre du défilé.

Et il poursuit sa marche, chaussure et grille à la

main, en chantant de plus belle les louanges du Seigneur. Les fidèles, amusés et touchés par le comportement des enfants, les suivent des yeux avec attention.

5   Quand soudain un cri horrible retentit sous les voûtes sacrées.

C'est le maître de chapelle qui, les yeux au ciel et toujours chantant, vient de disparaître dans le trou béant de la bouche d'aération.

Un Orignal original

PERSONNAGES :

M. Leclerc, *pêcheur*
M. Julien, *pêcheur*

PAR UNE BELLE SOIRÉE D'AUTOMNE, deux amis font la causette dans la grande salle du Club des Grands Pêcheurs de Trois-Rivières. L'un d'eux montre la magnifique tête d'orignal que l'on vient d'accrocher au-dessus de la cheminée :

— Avouez que ce genre de trophée est quelque peu déplacé dans la salle de réunion d'une société de pêche. N'importe quoi, un requin, une raie, un hippocampe, mais un poisson, mon cher, un poisson !

— Pour moi, je trouve au contraire que cette tête d'orignal est parfaitement à sa place. En effet, l'animal a été attrapé à la ligne.

— Vous vous moquez !

— Pas du tout. Et je suis bien placé pour en parler, puisque c'est moi qui l'ai pêché et qui en ai fait cadeau au Club.

— Me prenez-vous pour un imbécile ?

— Ecoutez plutôt. Vous savez que j'adore la pêche au lancer ?

— Oui, mais je ne vois pas le rapport...

— Patience... L'été dernier, j'étais en train de taquiner le saumon dans les Laurentides. Je m'apprête à lancer ma ligne, la canne voltige au-dessus de ma tête, quand tout à coup le fil résiste, derrière moi. Je me retourne...

— Je vois... Votre hameçon était accroché. C'est classique.

— Oui, mon cher Julien, mais devinez à quoi ?

— A un arbre, sans doute ?

— Non, mon cher, à une oreille. A l'oreille d'un énorme orignal qui me regardait fixement, à dix pieds de là, et pas content du tout, je vous assure. Puis il s'avance à pas lents vers moi, menaçant, la tête baissée...

— Alors ?

— Alors, n'écoutant que mon courage, je prends mes jambes à mon cou et tâche d'atteindre au plus vite ma cabane qui se trouve à un mille de là. L'orignal se met à ma poursuite et croyez-moi, mon vieux, ces animaux-là, ça court rudement vite. J'ai dû faire ce mille en deux minutes. A peine entré dans la cabane, je vois mon orignal se camper devant la porte, piaffant comme un cheval de course et tâchant de renverser les murs à l'aide de ses bois et de ses pattes.

— Mais il fallait le tuer !

— Je suis pêcheur, mon cher, et non pas un chasseur sanguinaire. Autrement dit, je n'avais pas d'armes...

— Quelle tragique situation !

— Tragique est le mot ! J'attends quelques heures, croyant qu'il va s'en aller. Pensez-vous ! L'animal reste à son poste, ruminant et bavant. Il me vient

une idée géniale : je vais prendre le bidon de pétrole qui me sert à faire ma cuisine, le vider par la fenêtre sur le dos de l'orignal, puis jeter par-dessus une allumette enflammée. Ce petit feu de joie devrait suffire à le faire fuir.

— Et ça a marché ?

— Oui, mais pas comme je pensais. Je verse bien le pétrole sur le dos le l'orignal. Mais celui-ci, irrité par la douleur cuisante causée par le liquide, fait un énorme bond sans me laisser le temps de jeter mon allumette. Il pousse un hurlement terrible et, pour calmer la démangeaison, commence à se gratter furieusement le derrière contre un arbre. Il se gratte, gratte, gratte, pendant des heures. Et le lendemain...

— Et le lendemain ?

M. Leclerc montre du doigt la tête empaillée.

— Voilà tout ce qu'il en restait.

Monsieur Sans-Gêne

PERSONNAGES :

Le ministre des Transports
Le voyageur
Le porteur

LE MINISTRE DES TRANSPORTS part en voyage officiel. On lui a réservé tout un compartiment dans le rapide de Marseille, en première classe naturellement, un compartiment spécialement aménagé pour les hauts fonctionnaires en déplacement.

Sur la vitre de la porte, une étiquette porte en grosses lettres rouges la mention RÉSERVÉ. M. le ministre s'est installé, a tiré les rideaux, a ouvert sa serviette, en a extrait une quantité de papiers et s'est mis à préparer son prochain discours.

Le train démarre. Les heures passent. Le convoi s'arrête, repart, s'arrête à nouveau. Et voici qu'à une petite gare, un monsieur élégant, portant un chapeau melon, des gants et un parapluie, monte dans le wagon de M. le ministre. Il longe le couloir et finit par s'immobiliser devant le compartiment réservé, fait glisser la porte, entre et vient s'installer sur la banquette qui fait face à M. le ministre.

Celui-ci remarque :

— Monsieur, ce compartiment est réservé. Il y a une pancarte sur la porte.

Le voyageur répond :

— J'ai vu. Mais ça n'a pas d'importance. Les chemins de fer sont si mal organisés...

Il sort de sa poche un long cigare, le coupe, l'allume avec désinvolture et se met à envoyer au plafond d'énormes anneaux de fumée bleuâtre. Peu à peu l'air du compartiment devient irrespirable.

Après avoir toussé, éternué plusieurs fois, M. le ministre se lève pour ouvrir la fenêtre quand le fumeur de cigare l'arrête d'un geste :

— N'ouvrez pas la fenêtre, monsieur. Je crains les courants d'air.

Suffoqué, M. le ministre riposte :

— Ne savez-vous pas, monsieur, que d'après les règlements de la Compagnie, il est interdit de fumer dans un compartiment sans l'accord des autres voyageurs ?

Le voyageur hausse les épaules :

— Les règlements, je m'en moque.

Et il continue à fumer de plus belle.

M. le ministre est furieux. Il tire son portefeuille, y prend une de ses cartes de visite et la tend à son interlocuteur en disant :

— Tenez, monsieur. Vous saurez au moins à qui vous avez à faire.

L'autre prend la carte et, sans même y jeter un coup d'œil, la glisse négligemment dans sa poche.

— Merci, monsieur, dit-il poliment. Mais je me suis fixé pour principe de ne jamais parler à des étrangers en voyage.

Peu après, le train fait halte et le monsieur se lève, prend ses gants, son parapluie et son chapeau melon, et descend.

Immédiatement, M. le ministre se précipite à la fenêtre du compartiment :

— Porteur ! Porteur !

— Oui, monsieur ?

— Rattrapez vite le monsieur qui s'éloigne, là-bas, et assurez-vous de son identité. Il a violé délibérément tous les règlements de la Compagnie et je veux le signaler au chef de gare.

Le porteur se précipite à la poursuite de l'étranger, mais revient quelques instants plus tard, l'air très embarrassé :

— Je regrette, monsieur, mais ni vous, ni moi ne pouvons rien faire contre ce monsieur.

— Et pourquoi donc, je vous prie ?

— C'est le ministre des Transports.

Et il rend au ministre sa propre carte de visite.

Solution pour la page 37 :

C'est naturellement le garçon qui a raison. L'inspecteur de police aurait dû *retrancher* les deux francs et non les *ajouter* aux vingt-sept francs. Il aurait dû dire (p. 37) : « Or nous avons donné trente francs au gérant. Tu nous as rendu trois francs. La chambre nous coûte donc vingt-sept francs. Si tu nous rends encore deux francs, elle ne nous coûtera plus que vingt-cinq francs. Tu ne nous dois donc plus rien. »

EXERCICES

EXERCICES

La Politesse même...

A. *Répondez en français par des phrases complètes aux questions suivantes :*
1. Pourquoi les habitants de Montréal font-ils de l'auto-stop ? 2. Pourquoi le petit monsieur porte-t-il un parapluie ? 3. Que devrait-il faire au lieu de rester là comme une statue ? 4. Pourquoi s'ébroue-t-il avant de monter dans la voiture qui s'arrête devant lui ? 5. Quelle différence le conducteur trouve-t-il entre ce petit monsieur et la majorité des piétons ? 6. Expliquez pourquoi neuf sur dix des passagers ne sont pas reconnaissants. 7. Quelle est la destination du petit monsieur ? 8. Que veut-il faire du caoutchouc qu'il ramasse ? 9. Pourquoi ne peut-il pas faire cela ? 10. Que fait-il pour attirer l'attention du conducteur ? 11. Que fait-il du caoutchouc finalement ? 12. De quoi le petit monsieur poli se rend-il compte en regardant ses pieds ?

B. 1. *Définissez :* hiver, chapeau, demi-heure, conducteur, piéton, passager, boue, yeux.

2. *Donnez un homonyme de chacun des mots suivants :* faire, bout, cette, dans, moi, par, temps, en, au, voit.

3. *Soulignez les consonnes qui ne se prononcent pas :* c'est l'hiver; tous les habitants; un petit monsieur attend; deux ou trois piétons transis de froid; très gentil; hélas !; ils ne sont pas comme vous; sous cet angle; neuf sur dix de mes passagers; trois milles de plus; il descend en hâte; en agitant l'objet.

C. *Traduisez en français :*
As the streetcars are on strike in Montreal the pedestrians are hitchhiking. They beckon to the cars that pass and ask the motorists if they may get in. But on the

sidewalk there is a small gentleman who does not dare to do that. After half an hour he is like a statue covered with snow. Finally a car stops, the driver opens the door, and the small gentleman sits down beside him on the front seat.

The driver is pleased to see that the small gentleman is different from nine out of ten of the pedestrians to whom he offers a seat. "You are politeness itself," he tells him. His passengers almost always criticize something, and do not even thank him. It is very discouraging.

When they arrive near the office where the small gentleman works, he gets out. At the same moment a rubber falls from the car. The small gentleman picks it up; he wants to return it. The car is already starting up, so the small gentleman throws the rubber to the driver, who receives it full in the face. What a surprise for the kind driver!

Then the small gentleman looks at his feet. He has lost one of his rubbers!

Écriture médicale

A. *Répondez en français par des phrases complètes aux questions suivantes :*

1. Quelle est la profession de M. Martin, et où habite-t-il ? 2. Pourquoi ne reconnaît-il pas son vieil ami Dumas ? 3. Quel détail amusant le docteur Dumas rappelle-t-il à M. Martin ? 4. Pourquoi le docteur Dumas va-t-il consulter son livre de rendez-vous ? 5. Pourquoi ne peut-il pas téléphoner à son ami ? 6. Comment le facteur sait-il que c'est le docteur Dumas qui a envoyé la lettre ? 7. Le facteur « croit » que la lettre est pour M. Martin. Pourquoi n'en est-il pas sûr ? 8. Pourquoi est-il important de déchiffrer les mots de la lettre ? 9. Pourquoi les Martin décident-ils de porter la lettre à

leur pharmacien ? 10. Qu'est-ce que M. Lebrun demande à Mme Martin de faire ? 11. Que lui donne-t-il quelques instants plus tard ? 12. Combien la lettre du docteur coûte-t-elle aux Martin ?

B. 1. *Mettez à la troisième personne du singulier :* ne me reconnaissez-vous pas ?; nous étions au collège; vous avez tellement changé !; je viens de m'installer; vous serez libre; tu as raison; je crois deviner le mot; qu'allons-nous faire ?

2. *Remplacez chaque nom par un pronom personnel :* M. Martin regarde le soleil briller; je viens d'ouvrir mon cabinet; l'écriture est illisible; il ouvre l'enveloppe; il ne parvient pas à déchiffrer les mots; il appelle sa femme; le pharmacien accueille sa cliente; Mme Martin lui donne la lettre.

3. *Donnez la forme négative de :* est-ce vrai ?; nous allons nous revoir; je suis médecin; rentrez chez vous; j'ai une lettre; c'est une lettre de Dumas; cette lettre a été écrite par un médecin; portons cette lettre au pharmacien; j'y vais; Mme Martin lui donne la lettre; c'est très clair; il en ressort.

C. *Traduisez en français :*

Mr. Martin is taking a walk one day on the main street of Montélimar when he receives a blow on the shoulder. Naturally, he is furious, and turns around in order to see who struck him. He does not recognize the man but he learns that it is his old friend Dumas, whom he has not seen for fifteen years. Dumas is a doctor; he has just opened an office in Montélimar. He is delighted to accept an invitation to dinner, but as he has no telephone yet, he says that he will send a note when he knows which day he will be free.

The letter arrives the next morning, but neither Mr. Martin nor his wife can make it out. (Everybody knows that doctors write very badly!) Suddenly Mr. Martin has an idea. Why not ask their pharmacist? He is used to reading doctors' bad writing.

Mr. Lebrun finds the doctor's note very legible, and asks Mrs. Martin to wait a moment. When he comes out of his dispensary again, instead of telling her the date of the doctor's visit, he gives her a small bottle. "Two spoonfuls three times a day," he says. "Twelve francs fifty, please."

Le Parfait Vendeur

A. *Répondez en français par des phrases complètes aux questions suivantes :*
1. Que pense M. Pugnet quand le commis voyageur vient à son bureau ? 2. Pourquoi demande-t-il au commis voyageur de faire vite ? 3. Que voit M. Pugnet quand l'homme appuie sur le bouton de la petite boîte ? 4. Qu'est-ce qui arrive quand on met une cigarette dans cet appareil ? 5. Quelle surprise M. Pugnet reçoit-il quand il commence à fumer ? 6. Pourquoi achète-t-il le fume-cigarette ? 7. Quelle surprise M. Pugnet reçoit-il en rentrant chez lui ? 8. Pourquoi Mme Pugnet a-t-elle acheté cet objet ? 9. Quelle heure est-il maintenant, et où est le vendeur ? 10. Qu'est-ce que M. Pugnet demande au facteur de faire ? 11. Pourquoi le commis voyageur refuse-t-il d'attendre l'arrivée de M. Pugnet ? 12. Combien coûte à M. Pugnet le service que le facteur lui a rendu ?

B. 1. *Mettez à la première personne du singulier :* on frappe; l'homme entre et vient s'installer; on entend les notes; il regarde l'objet; il le met sous les yeux de sa femme; le facteur s'apprête à partir; il veut vous parler.

2. *Donnez la forme de l'article défini convenable :* invention, travail, velours, appareil, note, douzaine, cigarette, yeux, feu, présence, tiroir, haine, poche, musique, gare, quai, chaussure, minute, haut-parleur, haleine.

3. *Donnez le pluriel de* : le bureau, le travail, la dernière invention, l'appareil, l'œil, monsieur, la voiture, le haut-parleur, l'affaire, le fume-cigarette.

C. *Traduisez en français :*

One day a man appears at the door of Mr. Pugnet's office and says that he wants to show him his latest invention. The insurance agent replies that he is too busy, but the salesman sits down and takes out a little box. "You will be sorry," he says, "if you don't buy one of my cigarette-holders. Listen! When you put a cigarette in it, you hear music!"

That does not interest Mr. Pugnet, but to please this fellow he takes the cigarette-holder and begins to smoke. To his great surprise there is an explosion! A cigarette that becomes a rocket does not amuse Mr. Pugnet at all, but in order to get rid of the salesman he takes out twenty francs and gives them to him. Poor Mr. Pugnet! At home a new surprise awaits him. His wife has bought him a cigarette-holder. Now he has two!

The travelling salesman is already at the station and his train is soon going to leave. Mr. Pugnet asks the postman to detain him, but he has not time to explain to him why. The postman reaches the platform just as the man he is looking for is getting on the train. When Mr. Pugnet arrives, breathless, the postman gives him a cigarette-holder and asks him for twenty francs. Mr. Pugnet is furious. Now he has three!

Le Curé de Cucugnan

A. *Répondez aux questions suivantes :*

1. Que font les Cucugnanais le dimanche, au lieu d'aller à l'église ? 2. Que demande l'abbé Martin, dans son rêve, à saint Pierre ? 3. Quelle réponse reçoit-il ?

4. Où saint Pierre conseille-t-il à l'abbé de chercher ses paroissiens, et quelle aide lui donne-t-il ? 5. Pourquoi l'abbé trouve-t-il le voyage difficile ? 6. Qu'est-ce qui indique qu'il y a beaucoup plus de gens en purgatoire qu'en paradis ? 7. Pourquoi l'abbé est-il très content d'avoir les sandales que saint Pierre lui a données ? 8. Qu'est-ce qui indique que les gens qui sont en enfer souffrent terriblement ? 9. Quelle épouvantable découverte l'abbé Martin fait-il ? 10. Que fait l'abbé pour sauver ses paroissiens de l'enfer ? 11. Pourquoi réserve-t-il deux jours pour la confession des femmes ? 12. Quel nouveau rêve le curé de Cucugnan fait-il une nuit ?

B. 1. *Employez l'article partitif :* le soleil, les oliviers, les clefs, les arêtes, l'argent, les serpents, la braise, la chair, les flammes, la chaleur, le mal, le parfum.

2. *Faites des phrases avec :* au moins, parce que, plein de, à la main, finir par (+*inf.*), ne... ni... ni, en bas, grâce à, par hasard, au milieu de, trop, en sursaut, le lendemain, à partir de.

3. *Divisez en syllabes :* Cucugnan, paresseux, soleil, oliviers, cabaret, ouvrira, paradis, quelques-uns, habitants, bientôt, mercredi, troupeau.

C. *Traduisez en français :*

What can Father Martin do to save the inhabitants of Cucugnan from perdition? On Sunday there is no one at church: many of his parishioners go to the tavern, the others go for a walk in the surrounding countryside.

But one night Father Martin has a dream that changes everything. His dream begins at the gate of heaven where Saint Peter, after putting on his glasses, tells him that there is no one from Cucugnan in his big book. They must be in purgatory. As the priest does not know where purgatory is, Saint Peter shows him the path and tells him to walk straight ahead as far as a silver gate. The priest finally gets there, but he does not find a single inhabitant of Cucugnan. Where are they then, down below?

The priest does not need to knock at the gate of hell. It is always open! One of the demons thinks he wants to come in; he does not understand what a friend of God is doing at the entrance to hell. In the midst of the flames Father Martin sees all the parishioners that he looked for in vain in heaven and in purgatory.

The good priest's dream has saved Cucugnan. Now this calm, lazy little village is heaven on earth.

Rien ne sert de mentir...

A. *Répondez aux questions suivantes :*
1. Pourquoi M. Lebel interdit-il à sa femme de toucher à la nouvelle voiture pendant son absence ? 2. Comment Suzanne persuade-t-elle à Madeleine de désobéir à son mari ? 3. Pourquoi la voiture des Lebel s'écrase-t-elle contre un autre véhicule ? 4. Pourquoi le conducteur de l'autre voiture reste-t-il très calme ? 5. Quels papiers demande-t-il à Madeleine ? 6. Quelle histoire Suzanne invente-t-elle pour Madeleine ? 7. Comment M. Lebel apprend-il que sa femme a eu un accident ? 8. Combien d'argent M. Lebel risque-t-il, et pourquoi est-il sûr qu'il gagnera le pari ? 9. Pourquoi M. Tracol et M. Arsac ne sont-ils pas là quand Madeleine et Suzanne arrivent ? 10. Qu'est-ce qui indique que Madeleine est embarrassée ? 11. Pourquoi l'agent de police vient-il chez les Lebel ? 12. Qu'est-ce qui est arrivé à M. Tracol ?

B. 1. *Mettez à la première personne du pluriel :* il vient d'acheter une nouvelle voiture; elles montent dans l'auto; il se retourne; tu téléphoneras à la police; ainsi font-elles; je veux voir votre auto; il éclate de rire; elle ne ment jamais; je suis prêt à jouer dix dollars; il s'éloigne; elle rougit, hésite; il n'a pas le temps de répondre.

2. *Donnez un nom de la même famille :* marier, admirer, permettre, voler, parier, parler, vrai, garer, douter, exceptionnel, cacher, répondre.

3. *Donnez un synonyme de :* automobile, dès que, s'apprêter, croire, volontiers, rouler, répliquer, tout de suite, satisfait, signifier.

C. *Traduisez en français :*

The Lebels' new car is magnificent. Madeleine would like to try it out, but as she has not yet her driver's licence her husband has forbidden her to touch it. When her neighbour Suzanne comes to see the car the temptation to get in and take a little drive is too great! On the main street they have an accident. When Madeleine sees the red light she presses the accelerator and crashes into another car. Nobody is hurt, fortunately, but the two cars are not as beautiful as before.

When the driver, Mr. Arsac, asks Madeleine for her driver's licence and insurance certificate, Suzanne says they are at home. The gentleman is going to push the white car over to the edge of the sidewalk; then he will come to Madeleine's. "Don't tell your husband the truth," Suzanne tells her friend, while they are walking back. "Telephone the police that your car has been stolen."

Mr. Lebel gets home before his wife. What does he see a few minutes later? His brand-new car in wretched condition! Mr. Tracol bursts out laughing when he learns what has happened. He is sure that Madeleine will lie to her husband. Mr. Arsac hides, and Mr. Tracol drives the battered car to another street. All is ready for Madeleine's return. When her husband looks into her eyes, she blushes and begins to cry. Mr. Lebel has won twenty dollars!

At this moment a policeman arrives and gives Madeleine some keys. He has already found the stolen car. And he thinks that Mr. Tracol is a thief!

L'Anniversaire d'Aline

A. *Répondez aux questions suivantes :*
1. Où se promènent un soir André et Aline ? 2. Pourquoi Aline désire-t-elle le bracelet qu'elle voit ? 3. Qu'est-ce que le commerçant explique à André ? 4. Pourquoi Aline ne peut-elle pas dormir la nuit suivante ? 5. Où va-t-elle le lendemain matin ? 6. Combien d'argent a-t-elle dans son sac, et que pense-t-elle acheter avec cet argent ? 7. Pourquoi le commissaire-priseur n'adjuge-t-il pas le bracelet à Aline pour cent francs ? 8. De combien est la dernière enchère d'Aline ? 9. « Le maillet retombe. » Que signifie cela dans ce contexte ? 10. Pourquoi André et Aline dînent-ils au restaurant huit jours plus tard ? 11. Quelle surprise Aline reçoit-elle en ouvrant le cadeau que lui offre son fiancé ? 12. Qui était la jeune fille « impertinente » qu'Aline avait vue à la vente aux enchères ?

B. 1. *Remplacez le tiret par l'article partitif :* les fiancés font ⎯⎯ promenades; ils passent ⎯⎯ temps à regarder la vitrine; le bracelet a ⎯⎯ éclat; André a ⎯⎯ cours; les pierres sont dans ⎯⎯ écrins; c'est ⎯⎯ cuir rouge; elle veut acheter ⎯⎯ chaussures; Aline a ⎯⎯ argent dans son sac; il y a ⎯⎯ jeunes filles dans la salle; deux cents francs, c'est⎯⎯ folie !

2. *Trouvez le mot qui correspond à la description suivante :* un commerçant qui vend des objets anciens; l'organe de la vue; une multitude de personnes; une petite boîte dans laquelle on met des bijoux; le principal organe de la circulation du sang; la dernière partie d'un repas; les parties extérieures de la bouche, qui couvrent les dents.

3. *Mettez au singulier avec l'article indéfini :* les bijoux, les boutiques, mes cours, vos yeux, les ventes, cent

francs, leurs voix, les âmes, trois annonces, ces assiettes, les prix, des sous.

C. *Traduisez en français :*

André and Aline are looking at a bracelet which is on display in a store window. Aline tells her fiancé that she wants it because of the opal, her favourite precious stone. They enter the shop together. "How much is it?" the student asks the merchant. He receives the answer that if he wants to buy it he will have to come back the next day; the bracelet is going to be put up for auction. Unfortunately, André has classes. "Never mind," says Aline.

Poor Aline cannot sleep; all night she thinks only of the bracelet. She would like to show the opal to her schoolmates and amaze them. At eleven o'clock in the morning here she is in the saleroom. She has some money in her purse, and when the auctioneer presents the bracelet to the crowd, Aline forgets the pair of shoes she was going to buy and bids a hundred francs. Suddenly another girl comes in. She, too, wants the bracelet and the price rises rapidly—too high for Aline. At two hundred francs she gives up.

A week later it is her birthday. What a surprise! She learns that the stranger who bought the bracelet—for her!—is her fiancé's father's secretary. André does not know that he has lost a hundred francs!

Le Renard et le loup

A. *Répondez aux questions suivantes :*

1. Pourquoi le renard allume-t-il du feu dans sa cheminée ? 2. Pourquoi le loup a-t-il très faim ? 3. Comment le loup sait-il que le renard prépare un bon repas ? 4. Quand est-ce que le renard invite le loup à revenir ? 5. Qu'est-ce que le renard lui expliquera à ce moment-

là ? 6. Où vont-ils ensemble ? 7. Qu'est-ce que les paysans ont fait ? 8. Que dit le renard au loup de faire s'il veut attraper des anguilles ? 9. Que pense le loup quand il voit qu'il ne peut pas soulever le seau ? 10. Quelle est la vraie raison pour laquelle il ne peut pas retirer sa queue de l'eau ? 11. Pourquoi les paysans des environs accourent-ils ? 12. Expliquez comment le loup a perdu sa queue.

B. 1. *Mettez à la troisième personne du pluriel :* il répond; je ne peux pas; je fais rôtir des anguilles; je veux les manger; je sens le parfum; je ne te ferai pas de mal; tu n'entreras pas; il dit; j'ai pris; tu sentiras un poids; il doit être plein; il s'en va; il court à toute allure; il devient furieux; il se débat.

2. *Remplacez le nom par un pronom personnel :* le renard enfile les poissons; le loup parle au renard; je ne peux pas t'ouvrir la porte; tu ne mangeras pas mes anguilles; il veut jouer un tour à son ennemi; le renard montre le trou au loup; j'ai pris mes anguilles; le loup tente de retirer sa queue; la glace emprisonne la queue; en entendant le cri, les paysans accourent; le paysan veut frapper le loup; le loup échappe aux chiens.

3. *Mettez l'article partitif ou l'article spécifique, selon le cas :* ——— renard fait griller ——— anguilles; sur ——— étang il y a ——— glace; ils ont fait ——— trou pour puiser ——— eau; ——— glace se reforme; ——— loup voit qu'il lui faut ——— aide.

C. *Traduisez en français :*

It is winter. The wolf is very hungry; he has not eaten anything for a long time. When he passes by the fox's house he smells an odour of cooking food that is coming out through the window. His enemy has begun to broil some eels. What a delicious meal! The wolf knocks at the door but the fox refuses to open it, even when the wolf promises that he will not hurt him. He wants to eat all the eels himself. But he tells the wolf that if he comes back the next morning he will show him how he can catch some. (He is going to play a good trick on him!)

The wolf arrives very early. Near the fox's house there is a pond. In the ice that covers it there is a hole where the peasants draw water with a pail. The fox tells his old enemy to fasten the pail to his tail and to let it hang in the water. Half an hour later the wolf's tail is caught in the ice and the fox leaves. (He has an important appointment!) When the wolf howls the peasants hear him and try to kill him with a big knife which slips and cuts off his tail. The dogs chase him as far as the woods, where he escapes from them. If he catches the fox he will kill him.

Le Franc disparu

A. *Répondez aux questions suivantes :*
1. Où se passe l'action de cette histoire ? 2. Quels sont les personnages de cette histoire ? 3. Pourquoi le gérant offre-t-il aux voyageurs la chambre 315 ? 4. Quel prix leur demande-t-il ? 5. Pourquoi les voyageurs ne vont-ils pas à un autre hôtel puisqu'ils trouvent la chambre très chère ? 6. Que sont-ils obligés de faire avant de monter dans leur chambre ? 7. Pourquoi le gérant se dit-il « Sapristi ! » ? 8. Que dit-il au chasseur de faire ? 9. Qu'est-ce que le chasseur décide de faire, au lieu d'obéir au gérant ? 10. Pourquoi le premier voyageur va-t-il téléphoner au gérant ? 11. Pourquoi le chasseur donne-t-il un franc de sa poche ? 12. Combien la chambre coûte-t-elle finalement aux trois voyageurs ?

B. 1. *Donnez le singulier de :* les histoires, les bureaux, les fiches, les messieurs, les erreurs, les yeux, chers, chères, les prix, les adresses, les amis, les amies.

2. *Trouvez le mot qui correspond à la description suivante :* une maison où on loge les voyageurs; une petite feuille sur laquelle les voyageurs écrivent leur nom; celui qui est placé à la tête d'un établissement commercial; un appareil qu'on prend pour monter ou descendre; la partie d'un téléphone qu'on tient à la main; une espèce de petit sac dans un vêtement; un lieu où on enferme les voleurs.

3. *Soulignez les voyelles nasalisées :* parisien, parisienne, réception, sommes, gérant, monsieur, argent, prenons, ascenseur, trompé, combien, seulement, malhonnête, condition, manquera, malins.

C. *Traduisez en français :*

The room that the hotel manager offers the three travellers is very expensive, but they take it. They are too tired to look for another hotel; it is late, and they want to go to bed. After filling out the registration forms they enter the elevator and go up to their room. They leave their baggage near the office; the bellboy will bring it up for them.

When the manager reads the registration forms he sees that the three travellers are all police inspectors. What will they do to him if they discover that he has asked them thirty francs for a room which costs only twenty-five? He immediately sends the bellboy to explain to them that he has made a mistake, and to return five francs to them.

The bellboy tries to steal two francs, but he is afraid when the first traveller goes to the telephone to congratulate and thank the manager, and he explains what he has done. But the inspector is not satisfied. "There is still one franc missing," he says. "Give it back to me." The poor bellboy does not understand, but since he does not want to go to prison he takes a franc out of his pocket and gives it to him.

La Tête du poisson

A. *Répondez aux questions suivantes :*
1. Où est-ce que M. Heurtier et M. Baratin se rencontrent ? 2. Pourquoi mangent-ils à la même table ? 3. Pourquoi M. Heurtier est-il découragé ? 4. Pourquoi M. Baratin décide-t-il de révéler à M. Heurtier le secret de son succès ? 5. Quel est le secret du succès de M. Baratin ? 6. Pourquoi M. Heurtier appelle-t-il le patron du restaurant ? 7. Pourquoi refuse-t-il les filets de morue que le patron lui offre ? 8. Quelle opinion le patron a-t-il de M. Heurtier après leur conversation ? 9. Qu'est-ce que M. Heurtier demande maintenant à M. Baratin de faire ? 10. Pourquoi M. Baratin refuse-t-il de faire ce que M. Heurtier lui demande ? 11. Pourquoi M. Baratin passe-t-il finalement son assiette à M. Heurtier ? 12. Pourquoi M. Heurtier se dit-il : « Mais je suis un imbécile » ?

B. 1. *Exprimez autrement les mots en italique :* au cours *d*'un voyage; ils *se mettent* à manger; il *se présente*; *admirablement*; *faire fortune*; *en un tournemain*; vous ne *faites* jamais *d'erreurs*; je *suis désolé*; il *s'éloigne*; un *imbécile*.

2. *Mettez* mieux *ou* meilleur : ce restaurant est ——— que l'autre; on mange ——— ici que dans l'autre restaurant; les affaires de M. Baratin vont ——— que celles de M. Heurtier; la tête du poisson est ——— que la queue; M. Baratin a un ——— sens des affaires que M. Heurtier; il aimerait ——— une truite qu'une carpe; il attend un ——— prix pour vendre son poisson; maintenant M. Heurtier comprend ——— les affaires.

3. *Quel est l'adverbe qui correspond à l'adjectif :* bon, plein, brillant, mystérieux, vrai, extraordinaire, entier, complet, absolu, infaillible ?

C. *Traduisez en français :*
Mr. Heurtier and Mr. Baratin find themselves at the

same table in a restaurant in Lyons. Each one introduces himself, and they begin to talk about their business. Mr. Heurtier has very few orders for his factory and thinks that he will be obliged to close it. Mr. Baratin is succeeding brilliantly, and will soon be rich. Mr. Heurtier thinks the other man is making fun of him when he says that his secret is fish. "Not at all," Mr. Baratin replies. "When you eat the head of a fish you are sure to succeed in business. The head contains a marvellous substance. My system is infallible. Try it, and you will see."

Mr. Heurtier does not hesitate. He calls the proprietor and asks for a trout. Unfortunately, it is Friday and all the customers are eating fish. There are a few cod fillets left, but it is the head that Mr. Heurtier wants; and, naturally, fillets have no head. "This man must be mad," the proprietor says to himself, shrugging his shoulders.

Mr. Heurtier looks at the trout on his neighbour's plate. It is the only fish in the restaurant. He needs a fish head at any price. Well, he will buy this one! At first Mr. Baratin refuses, but when the price rises to a thousand francs, he passes his plate to Mr. Heurtier.

Mr. Baratin is right; his system is infallible. As soon as Mr. Heurtier has swallowed the trout he begins to understand business. Why give a thousand francs for a fish when there is a fish store near the restaurant?

A distrait, distrait et demi...

A. *Répondez aux questions suivantes :*
 1. De quoi les deux vieux messieurs parlent-ils ?
 2. Pourquoi ce sujet les intéresse-t-il particulièrement ?
 3. Racontez brièvement ce qu'a fait le professeur Aubert.
 4. A quoi le professeur Aubert pensait-il en faisant cela ?
 5. Qu'est-ce que le docteur Matthieu a fait aux Etats-Unis ? 6. Combien de temps y est-il resté ? 7. Qu'oublie-t-il en rentrant chez lui ? 8. Pourquoi la bonne ne le

reconnaît-elle pas ? 9. Qu'oublie le docteur Matthieu dans la deuxième histoire ? 10. Quelle heure est-il quand Alexandre commence l'histoire au sujet de Perdrières ? 11. Pourquoi Alfred doit-il se lever de bonne heure ? 12. Montrez qu'Alfred est tout aussi distrait que le professeur Matthieu.

B. 1. *Donnez un verbe de la même famille :* la conversation, le bâillement, la compréhension, l'étude, la reconnaissance, le départ, la disparition, le voyage, la pluie, l'ouverture.

2. *Donnez un synonyme de chacune des expressions suivantes :* l'âtre, converser, anormalement, la pièce, rentrer, bien entendu, la voiture, curieux, s'écouler, reprendre.

3. *Mettez à la forme interrogative :* les professeurs ne sont pas distraits; sa femme était en voyage; nos étudiants critiquent nos défauts; il a pris un œuf; il n'a pas jeté l'œuf dans l'eau; Alfred étouffe un bâillement; la bonne vient lui ouvrir; leurs paupières sont lourdes de sommeil; j'ai un cours à huit heures; je suis chez moi.

C. *Traduisez en français :*

Two old professors, sitting in armchairs in front of a good fire, are drinking coffee and talking about their absent-minded colleagues. For example, there is the mathematics professor who tried to cook an egg while talking about artificial satellites. He was so absent-minded that he threw his watch into the saucepan and looked at the egg for three minutes. The two friends find this story very amusing and burst out laughing.

Time passes. It is eleven o'clock, but the two professors go on telling stories. Alexandre tells about Dr. Matthieu who, on returning from the United States, does not recognize the new maid, forgets where he is, asks if Dr. Matthieu is at home, and sits down to wait for him.

After the story about the professor who forgot his car it is one o'clock in the morning. Alfred cannot keep his eyes open. He wants to go to bed because he has to get up for a class at eight o'clock. Why does not Alexandre leave? Then poor Alfred (who is not at all absent-minded!) discovers why Alexandre does not go home. He is already there!

Une Femme au volant

A. *Répondez aux questions suivantes :*
1. Pourquoi M. Jaubert est-il arrêté au bord de la route ? Pourquoi Mme Barbet arrête-t-elle sa voiture à quelques pas de lui ? 3. Que demande M. Jaubert à Mme Barbet de faire ? 4. Pourquoi hésite-t-elle quand il lui demande cela ? 5. Donnez des exemples de termes techniques qu'un automobiliste devrait comprendre mais que Mme Barbet ne comprend pas. 6. Quelle vitesse devra-t-elle atteindre quand elle poussera la voiture de M. Jaubert ? 7. Que lui demande-t-elle de promettre ? 8. Comment Mme Barbet saura-t-elle quand il faudra commencer à pousser ? 9. Pourquoi M. Jaubert, assis au volant de sa voiture, se dit-il : « Ah ! ces femmes ! » ? 10. Pourquoi se jette-t-il à terre ? 11. Pourquoi est-il étonné en voyant Mme Barbet sortir de sa voiture ? 12. Qu'est-ce que Mme Barbet n'a pas compris dans les instructions de l'ingénieur ?

B. 1. *Employez la forme convenable de l'adjectif :* (*ce*) que fait ——— automobiliste au bord de ——— route ?; (*beau*) la ——— jeune femme a de ——— cheveux; (*gentil*) elle est très ——— ; (*neuf*) sa voiture a des pneus ——— ; (*mon*) suivez ——— instructions et poussez ——— voiture; (*prodigieux*) elle roule à une vitesse ——— ; (*furieux, fou*) elle est ——— quand le monsieur lui dit qu'elle est ——— .

126 EXERCICES

2. *Quel est l'adjectif qui correspond à l'adverbe :* furieusement, seulement, bien, nerveusement, certainement, gentiment, lentement, péniblement, légèrement, parfaitement, follement ?

3. *Mettez à l'impératif, deuxième personne du singulier, première et deuxième personne du pluriel :* fait, s'arrête, vais, avez, êtes, voit, se jeter à terre, dit, répond, acheté, fini, court.

C. *Traduisez en français :*

Here is Mr. Jaubert at the side of the road between Lyons and Marseilles. Why is he looking under the hood of his car? Why is he so furious? Simply because his car, which is brand-new, has broken down and refuses to start. By raising his arms he stops a beautiful Jaguar and asks the young woman who is at the wheel to help him. At first Mrs. Barbet thinks that Mr. Jaubert is hitch-hiking, but he replies that he is simply asking her if she would be kind enough to push his car for a few yards.

When Mr. Jaubert, who is an engineer, talks about changing gears, Mrs. Barbet does not understand. She did not know that her Jaguar had an automatic transmission! Mr. Jaubert explains that his motor will start when the car has reached a speed of sixty kilometers an hour. "Are you sure?" the young woman asks. "But that's very dangerous!" She thinks that there will be a lot of damage, but in order to get it over with, Mr. Jaubert promises to pay for it.

The engineer gets into his car, turns the key and waits. In his rear-vision mirror he sees the Jaguar a hundred yards away, and wonders why the young woman is backing up so far. Then, with a cry of terror, he opens the door and throws himself to the ground. A few seconds later the Jaguar crashes into his automobile! Each driver says the other is mad. Mrs. Barbet did not understand the instructions, and now the poor engineer will have to pay a hundred thousand francs.

Les Joies du golf

A. *Répondez aux questions suivantes :*
1. Quelle différence de tempérament y a-t-il entre M. Dupont et le capitaine Durandal ? 2. Comment M. Dupont explique-t-il les coups qu'il manque ? 3. De quoi accuse-t-il le capitaine ? 4. Pourquoi M. Dupont appelle-t-il son adversaire un poltron ? 5. Qu'est-ce qui arrive quand M. Dupont essaie d'envoyer sa balle par-dessus la mare ? 6. Pourquoi est-il furieux, cette fois-ci, contre son caddie ? 7. Comment M. Dupont indique-t-il clairement son intention de ne plus jamais remettre les pieds sur ce terrain ? 8. Que fait-il pour indiquer qu'il ne jouera plus jamais au golf ? 9. Pourquoi, un peu plus tard, les deux caddies se cachent-ils derrière une haie ? 10. Que fait M. Dupont avant d'avancer vers le bord de la mare ? 11. Pourquoi les caddies pensent-ils que M. Dupont essaie de se suicider ? 12. Quelle est l'explication du retour de M. Dupont ?

B. 1. *Conjuguez au futur, au conditionnel et au passé indéfini de l'indicatif :* venir, aller, envoyer, être, voir, avoir, pouvoir, se cacher, partir, jeter.

2. *Trouvez le mot qui correspond à la description suivante :* la personne contre laquelle on joue; une petite étendue d'eau dormante; un homme qui manque de courage; la partie du visage entre la bouche et le front; l'absence de bruit; un terrain couvert d'une herbe courte et épaisse; un petit instrument pour ouvrir et fermer une serrure.

3. *Soulignez les lettres qui se prononcent comme l's du mot* se : chance, dix mètres, accusation, dispose,

minutieusement, sociétaire, absurde, il saisit son sac, les deux garçons suivent ses gestes, l'irascible golfeur, il s'assied, il quitte ses chaussures et ses chaussettes, çà alors !, il va se suicider.

C. *Traduisez en français :*

Usually Mr. Dupont does not play too badly, but today he misses his shots often. His nasty disposition does not help matters. His opponent, Captain Durandal, who always remains very calm, is taking advantage of all Mr. Dupont's mistakes. The latter, after missing his sixth shot, says it is the fault of his caddy, who sneezes very loudly behind his back whenever he is going to drive a ball.

When they reach the edge of a pond the Captain decides to go around it, even if he wastes a stroke. He does not want to lose the ball in the water. Mr. Dupont thinks he can do better than his opponent. He is going to calculate the distance and send his ball over the pond. But it drops right in the middle! Naturally, Mr. Dupont is furious. This time it is because the caddy did not sneeze!

Mr. Dupont loses his temper when the Captain tells him that he is making himself ridiculous with this idiotic accusation. Taking out his membership card he tears it up. He will never set foot on this course again. And in order to show all the spectators—there are always a lot of them on Sunday—that he will never play again, he throws his bag with all his clubs into the middle of the pond.

An hour later the two caddies see Mr. Dupont coming back. They hide behind a hedge in order to see what the great golfer is going to do. To the great surprise of the caddies, who are watching him with binoculars, Mr. Dupont sits down beside the pond and takes off his shoes and socks. Then he throws himself into the water and comes out again with his golf bag. Why is he doing that? He forgot the keys of his car! They were in the little pocket of the bag.

Les Prisonniers

A. *Répondez aux questions suivantes :*
1. Que font Berthine et sa mère pour être en sécurité ? 2. Pourquoi y a-t-il peut-être des Prussiens qui rôdent près de leur cabane ? 3. Qu'est-ce que le Prussien menace de faire si les femmes n'ouvrent pas la porte ? 4. Quel ordre le chef prussien donne-t-il à Berthine quand elle ouvre la porte ? 5. Comment Berthine réveille-t-elle les soldats ? 6. Qu'est-ce que Berthine dit aux soldats de faire ? 7. Pourquoi les deux femmes sont-elles contentes d'entendre un aboiement de chien ? 8. Qu'est-ce que Berthine demande à son père de faire ? 9. Quelle est la première chose que M. Lavigne fait en arrivant près de la maison forestière ? 10. Expliquez comment M. Lavigne offre à boire aux Prussiens. 11. Qu'est-ce que M. Lavigne ordonne aux Prussiens de faire avant de les laisser sortir de la cave ? 12. Quelle cérémonie a lieu à Rethel le dimanche suivant ?

B. 1. *Mettez à la deuxième personne du pluriel :* nous sommes en sécurité; la mère répond; Berthine obéit; ils s'endorment; elle se demande comment elle pourrait se débarrasser de ces visiteurs; les Prussiens ont compris; la mère s'inquiète; les miliciens partent pour l'aventure; nous allons diviser la compagnie; on entend l'eau; l'ennemi s'agite; on voit sortir les Prussiens.

2. *Remplacez le tiret par* qui *ou* que : des loups ——— rôdent; le verrou ——— elle tire; les soldats ——— ronflent; la trappe ——— Berthine ouvre; une cave ——— a servi de prison; les miliciens avec ——— Pichon revient; les groupes ——— se relaient; l'eau

—— on entend ruisseler; les tonneaux —— remuent les prisonniers; l'officier à —— il parle.

3. *Remplacez le tiret par l'article partitif :* —— voix; beaucoup —— voix; —— grosses voix; les soldats ont —— armes; il leur fait —— mal; il ne leur fait pas —— mal; il y a —— eau dans la cave; il n'y a pas assez —— eau dans la cave; ils pompent pendant —— heures; les miliciens sont —— héros.

C. *Traduisez en français :*

Here is a story about the War of 1870.

Berthine and her mother are alone in their cabin near the German border. The mother is uneasy because of the Prussians and the wolves in the woods. Suddenly they hear a noise. Someone knocks at the door. A man, speaking French with a German accent, roars that he will break the door if they do not let him come in.

There are six Prussian soldiers who have got lost in the woods. The leader tells Berthine to prepare a meal for them. They are very tired and very hungry. As soon as they have eaten they fall asleep. These visitors are not doing any harm, but Berthine wants to get rid of them. The trapdoor to the cellar gives the young woman a good idea. Waking the soldiers, she screams that there are two hundred Frenchmen outside. The Prussians, not knowing what to do, obey when Berthine tells them to hide in the cellar. Her plan has succeeded. They are prisoners!

A dog's bark indicates that Berthine's father is back. He is surprised to learn what has happened and returns to Rethel to get the militia. A few hours later there really are two hundred Frenchmen around the house. The French leader orders the enemy to surrender. When he receives no reply he orders his men to take down the eavestroughs and pump water into the cellar. They pump for several hours. Finally the Prussian soldiers, dripping and shivering, hand their rifles through the ventilator. The militiamen are all heroes, and their leader receives the Military Medal.

L'Horloge

A. *Répondez aux questions suivantes :*
1. Où et quand se passe l'action de cette histoire ? 2. Pourquoi faut-il cacher le commandant Valmy ? 3. Où l'actrice cache-t-elle le commandant ? 4. Pourquoi l'horloge s'arrête-t-elle ? 5. Qu'est-ce que le concierge a dit à la Gestapo ? 6. Qu'est-ce que l'actrice invite l'homme de la Gestapo à faire ? 7. Quand l'hôtesse sent-elle l'effroi la gagner ? 8. Pourquoi l'homme de la Gestapo demande-t-il l'heure ? 9. Pourquoi les convives retiennent-ils leur souffle pendant que l'homme de la Gestapo examine l'horloge ? 10. Pourquoi le commandant Valmy commence-t-il à dire « tic, tac, tic, tac... » quand l'actrice tape sur le coffre ? 11. Pourquoi l'homme de la Gestapo n'accepte-t-il pas l'invitation de prendre le café au salon ? 12. Pourquoi est-il étonné de voir que les aiguilles marquent neuf heures ?

B. 1. *Définissez :* actrice, convive, horloge, repas, fourchette, geste, heure, dessert.

2. *Remplacez les mots en italique par la forme convenable :* plusieurs personnes sont réunies *chez l'actrice*; c'est *l'actrice* qui a organisé *ce dîner*; *le concierge* a vu *le commandant* entrer; nous n'avons jamais entendu parler de *cet homme*; ni vous ni *vos invités* ne connaissez *le commandant* ?; elle dit *à l'homme* de prendre place *à table*; *l'horloge* ne fait pas *de bruit*; elle propose *à ses hôtes* de passer *au salon*; je vous remercie *de cet excellent repas*.

3. *Exprimez autrement :* dans la maison d'une actrice

célèbre; il *fait irruption* dans la salle à manger; il se glisse *sans difficulté* dans ce coffre; une seconde *plus tard*; il *jette un coup d'œil* autour de lui; il *saisit le sens de* cet avertissement; *l'hôtesse tente* d'entretenir la conversation; il salue *à nouveau*.

C. *Traduisez en français :*

The new regional leader of the Resistance arrives in Paris, which is occupied by the Germans. He is at the home of a famous actress who organizes a dinner in order to introduce him to the other leaders. It is nine o'clock at night. They are going to start eating when they hear a ring at the door. It's the Gestapo! The hostess does not panic. She has already chosen a hiding place for Major Valmy. In her dining room there is a huge clock; she tells the major to slip into it. Who would think of looking for a man in a clock?

The actress tells the Gestapo man that they have never heard of Major Valmy. If he is in the building, he must be somewhere else; he is not at her place. The man does not search her apartment, but instead of leaving invites himself to dinner. The hostess begins to be afraid.

The man admires the big clock, and all the guests hold their breath when he gets up and examines it. It is magnificent; it interests him very much. Does it run? "Yes," the actress replies, forgetting that it stopped when Valmy got into it. She sees that she has made a mistake when the man asks why the clock does not make any noise. She taps on the case; and the Major, more dead than alive, begins to imitate the noise of a pendulum. During all the rest of the dinner he repeats "tick, tock, tick, tock."

The Gestapo man finally leaves. The meal has lasted an hour. But the hands of the clock are still pointing to nine o'clock!

La Chasse au pilou

A. *Répondez aux questions suivantes :*
1. Pourquoi le directeur du Zoo de Berlin dit-il que le Zoo de Vincennes est simplement un cirque ? 2. Quelle sorte d'animal est le pilou ? 3. Où trouve-t-on le pilou ? 4. Pourquoi peut-on considérer le pilou comme une bête vraiment extraordinaire ? 5. Que demande le directeur du Zoo de Vincennes à M. Fanfarone de faire ? 6. Pourquoi choisit-il M. Fanfarone pour cette mission importante ? 7. Pourquoi le directeur est-il étonné quand M. Fanfarone revient un mois plus tard ? 8. Pourquoi M. Fanfarone a-t-il employé un filet plutôt qu'un fusil ? 9. Comment le pilou a-t-il fait rouler M. Fanfarone jusqu'au bas de la pente ? 10. Que demande au directeur le plus jeune gardien ? 11. Qu'est-ce que le gardien annonce quelques jours plus tard au directeur par télégramme ? 12. Comment a-t-il pu prendre le pilou avec un simple sifflet ?

B. 1. *Remplacez le tiret par l'article partitif, spécifique ou générique, selon le cas :* ——— autruches sont ——— oiseaux; ce zoo n'a pas ——— animaux extraordinaires; dans ce zoo il y a trop ——— singes; ——— pilou est un animal rare; ——— chasseurs de fauves ont ——— fusils et de ——— grands filets; ——— bête a fait ——— tour de ——— colline et a donné ——— coups de bec au chasseur; son arme secrète est ——— psychologie.

2. *Employez la forme convenable du pronom personnel :* voici un article que j'ai écrit ——— -même; ——— seul (il) est capable d'attraper un pilou; essaye ——— -même, si tu veux; ——— -mêmes, nous n'avons pas réussi; ——— seuls (ils) savent où se trouvent les

pilous; ils ――― posent souvent cette question à ――― -mêmes.

   3. *Employez la forme convenable du verbe* : (*aller*) s'il ――― en Patagonie, il verra des pilous; (*attraper*) s'il ――― un pilou, il enverra un télégramme; (*avoir*) s'il envoie un télégramme, il ――― attrapé un pilou; (*être*) si le chasseur réussit, le directeur ――― content; (*voir*) le directeur sera furieux s'il ――― cet article.

C. *Traduisez en français* :

The Director of the Vincennes Zoo is looking for an extraordinary animal. He already has animals of all the common species, but even circuses have lions and monkeys. His assistant tells him of an article he has read about the galumpher, a sort of ostrich. There are very few of them, and they are all in Patagonia. They are really extraordinary birds. Having one leg shorter than the other they are obliged to live on the side of a hill.

The Director immediately telephones to Mr. Fanfarone, the famous big-game hunter, and tells him to leave the next day for Patagonia. A month later the hunter comes back, but without any galumpher. The specimen he was going to catch with his net ran around the hill and attacked Mr. Fanfarone from behind. Now the great hunter has a leg in a cast and an arm in a sling.

The Director does not know what to do. But a young keeper promises that if he sends him to Patagonia he will bring back a galumpher alive. He is going to use psychology! But he does not explain his secret. A few days later he sends a telegram: he has succeeded where Fanfarone failed. And with a whistle! On hearing the whistle the bird turned around, and as it has one leg shorter than the other, it lost its balance.

Les Deux Télégrammes

A. *Répondez aux questions suivantes :*
1. Où se passe l'action de cette histoire ? 2. Quelle opinion le général exprime-t-il ? 3. Pourquoi le petit monsieur sursaute-t-il ? 4. Quel conseil le général donne-t-il à l'inspecteur Grosset ? 5. Donnez un exemple des vols extraordinaires commis par Caméléon. 6. Pourquoi le petit monsieur va-t-il au bureau de poste quand le train arrive à Lyon ? 7. Pourquoi le contrôleur cherche-t-il l'inspecteur Grosset ? 8. Pourquoi Grosset jette-t-il un regard soupçonneux sur le général ? 9. Pourquoi l'inspecteur reste-t-il quelques instants pensif ? 10. Quelles instructions envoie-t-il à la Sûreté nationale ? 11. Pourquoi deux gendarmes entrent-ils dans le compartiment de l'inspecteur ? 12. A quoi le petit monsieur pense-t-il en disant « Pour un coup de maître, c'est un coup de maître ! » ?

B. 1. *A quoi sert* un journal ? la police ? un masque ? un portefeuille ? un train ? un télégramme ? une poche ? une portière ? la guillotine ? une prison ?

2. *Donnez l'impératif et les participes (présent et passé) de :* dormir, dire, faire, tenir, être, croire, avoir, s'asseoir, recevoir, mettre, appeler, prendre, ouvrir, revenir.

3. *Faites des phrases avec :* quant à, selon, plus de, plus que, de plus belle, en hâte, quelconque, tout le monde, depuis, s'adresser à, actuel, n'importe qui, sauf, en plein jour.

C. *Traduisez en français :*
In a first-class compartment of the Marseilles-Paris express there are three men: a General, a high official of the French police, and a very ordinary little man. What are they talking about? Or rather, whom are they

talking about? About the famous thief Chameleon, whom the police have been looking for for two years. He cannot be found because nobody knows where he is or what he looks like. It is said that he wears a mask. What an extraordinary thief! Unarmed, he rifles banks in broad daylight. According to the General, Chameleon is simply lucky; if Inspector Grosset applied military methods, he would quickly capture his man.

When the train stops at Lyons, the little gentleman excuses himself and leaves the compartment, saying that he has to go to the post office because he wants to send a telegram to Paris. A little later the conductor brings to Inspector Grosset an urgent message which says that Chameleon is wearing the uniform of General d'Hourville, whom he has killed, and that he is on the Paris train. The Inspector immediately sends his instructions by radio.

When the train reaches Paris there are hundreds of gendarmes on the station platform. They are waiting for Chameleon, revolver in hand. What a surprise for the General when the Inspector tells him "Hands up!" Two gendarmes enter and arrest him. The very ordinary little man gathers his baggage together and slips away. "A master stroke!" he says. (What does he mean?)

L'Elève fantôme

A. *Répondez aux questions suivantes :*

1. Pourquoi cette classe est-elle si indisciplinée ? 2. Nommez quelques objets avec lesquels les élèves s'amusent en classe. 3. Quel « appareil acoustique » Taradel porte-t-il ? 4. Pourquoi porte-t-il cet appareil ? 5. Que découvre quelquefois le professeur après s'être promené entre les pupitres ? 6. Quelle est l'idée la plus originale de Taradel ? 7. Comment la classe participe-t-elle à l'exécution de son plan ? 8. Pourquoi est-il difficile pour

le professeur de bien connaître chacun des élèves de cette classe ? 9. Comment les élèves expliquent-ils l'absence de Durandal quand le professeur l'appelle au tableau ? 10. Expliquez l'origine des « couin ! couin ! » qui interrompent la dernière leçon de M. Monnet. 11. Comment les élèves expliquent-ils le départ de l'élève fantôme ? 12. Quelle surprise y a-t-il à la distribution des prix ?

B. 1. *Définissez :* un proviseur, le latin, l'araignée, un complet, un pupitre, la récréation, le tableau (*d'une salle de classe*), la jambe, acheter, le canard.

2. *Faites accorder les participes passés, s'il y a lieu :* les records qu'ils ont battu——; l'opération qu'ils ont entrepris——; ces farces ont lassé—— les élèves; tous les élèves se sont concerté——; la classe a rendu—— un devoir; les copies que le professeur a reçu——; la jambe qu'il s'est cassé——; la situation est devenu—— dangereuse; il leur a décrit—— la bataille; la fin de l'année est arrivé——.

3. *Traduisez en anglais :* il a déclaré à tout le monde qu'il était dur d'oreille; le poste de radio lui permet d'entendre, sans en avoir l'air, de la musique de jazz; il s'agit d'étendre un fin réseau de fils élastiques et collants; tous les élèves se concertent et le plan entre en application; la note varie suivant l'élève qui a rédigé le devoir; peu à peu d'ailleurs, Durandal prend une espèce de réalité; soudain on entend de retentissants « couin ! couin ! »; le maître, éberlué, lit le message suivant, tracé d'une main maladroite.

C. *Traduisez en français :*

The students of Papillon High School work very little, but they have a good time, especially Mr. Monnet's class. These little demons are not very fond of books, but they like music and stink bombs. One of the students, whose name is Taradel, brings his portable radio to class. "It's my hearing apparatus," he says. "I'm hard of hearing." Lauzon organizes Operation Spiderweb. He spreads a network of threads of chewing gum that the teacher collects on his suit when he passes between the desks.

One day they decide to create an imaginary student. The teacher does not know his students very well; there are too many of them. So when he begins to receive papers with the name Durandal, he thinks that it is one of his students. Naturally, Durandal is always absent; but when the teacher calls him to the board, the other students explain that he is ill, that he is at the dentist's, etc.

During the last class of the year the caretaker brings Mr. Monnet a basket and a letter. In the basket there is a duck. The letter (written by the phantom student's father!) explains that Durandal will not be coming back to school; he has joined the Mounted Police.

At the prize-giving this student, who exists only in the imagination of his classmates, obtains the class prize.

De trop beaux bijoux...

A. *Répondez aux questions suivantes :*
1. Où et quand commence l'action de cette histoire ? 2. Qu'est-ce que la duchesse de Chantilly a l'habitude de faire pendant les cérémonies officielles ? 3. Qu'est-ce qui indique que les Duraton sont extraordinairement riches ? 4. Comment Mme Duraton essaie-t-elle d'attirer l'attention des spectateurs sur ses deux bracelets ? 5. Pourquoi la duchesse ne répond-elle pas au sourire que lui envoie Mme Duraton ? 6. Selon le jeune homme, que voudrait faire la duchesse ? 7. Pourquoi Mme Duraton envoie-t-elle une ouvreuse à la loge de la duchesse ? 8. Quelle visite Mme Duraton reçoit-elle quelques jours plus tard ? 9. Pourquoi M. Duraton

ignore-t-il que sa femme a perdu un de ses bracelets ? 10. Pourquoi Mme Duraton confie-t-elle son deuxième bracelet à l'homme en uniforme ? 11. Pourquoi lui glisse-t-elle dans la main un gros billet de banque ? 12. Que cesse de faire Mme Duraton à partir de ce jour-là ?

B. 1. *Comment appelle-t-on* une jeune fille qui danse ? celui qui dirige une entreprise ? la femme qui, dans un théâtre ou un cinéma, montre les places aux spectateurs ? la femme d'un duc ? la fille ou la femme d'un prince ? celui qui vole ? celui avec qui on parle ? un homme qui maintient le bon ordre et la sécurité publique dans une ville ? celui qui est au service de quelqu'un ?

2. *Donnez un synonyme de chacune des expressions suivantes :* la toilette, la femme, magnifique, ravi, prier, capturer, dérober, songer.

3. *Mettez le temps convenable du verbe :* Il est dix heures du soir à l'Opéra; (*dormir*) la duchesse ——— depuis neuf heures et demie; (*dormir*) il y a une demi-heure qu'elle ——— ; (*regarder*) depuis qu'elle dort, Mme Duraton la ——— ; (*dormir*) depuis qu'elle ———, on a présenté plusieurs scènes; (*attendre*) il y a des semaines que le voleur ——— une bonne occasion.

C. *Traduisez en français :*
It is Friday night at the Paris Opera. As it is a gala evening all the ladies are in evening dress, and are wearing beautiful jewellery. The Duchess of Chantilly is there, in a stagebox, but these official ceremonies tire her, and she is sleeping, with her eyes open. On the other side of the hall is Mrs. Duraton. She does not like opera, but she has come to show everybody her hair-do and her jewellery, especially two diamond bracelets. She thinks that the Duchess is looking at her and she is delighted. She is still more delighted when a young man comes and asks her if the Duchess

may examine one of her bracelets. At the intermission the Duchess has not yet returned the bracelet, and Mrs. Duraton asks her for it. When she receives the great lady's answer, Mrs. Duraton understands that she has given one of her most beautiful pieces of jewellery to a thief.

The following week a policeman comes and tells Mrs. Duraton that the thief has been captured, and that all the jewellery he stole is in the police chief's safe. The policeman asks her for the second bracelet in order to be able to identify the first one. She gives it to him, and slips a reward into his hand. After a few hours she understands that she has been robbed a second time.

Le Gorille est mort

A. *Répondez aux questions suivantes :*

1. Pourquoi la mort du gorille est-elle une catastrophe pour le cirque ? 2. Qui le directeur du cirque envoie-t-il chercher ? 3. Quels ordres donne-t-il ? 4. Pourquoi le vieil acteur refuse-t-il d'abord le travail qu'on lui offre ? 5. Pourquoi finit-il par accepter ? 6. Pourquoi la première journée est-elle une véritable torture pour le vieil acteur ? 7. Quels avantages voit-il, au bout de huit jours, dans son nouveau travail ? 8. Donnez un exemple de ce qu'il fait pour amuser son public. 9. Pourquoi a-t-il très peur quand il tombe dans la cage voisine ? 10. Pourquoi le silence s'établit-il dans la foule ? 11. Qu'est-ce qui empêche l'acteur de crier au secours ? 12. Quel secret Sertorius découvre-t-il ?

B. 1. *Trouvez le mot qui correspond à la description suivante :* une grande feuille de papier qui sert à annoncer quelque chose; le plus grand et le plus fort de tous les singes; celui qui joue dans une pièce de théâtre ou dans un film; un fruit jaune allongé; la partie d'un théâtre où on joue; celui qui dresse les animaux sauvages; l'action de tomber.

2. *Quel est le passé indéfini de* être, entrer, se plaindre, avoir, devenir, s'habituer, mettre, apprendre, naître, voir, sortir, vouloir, se taire, arriver ?

3. *Donnez le contraire de l'expression en italique :* un acteur *en chômage*; il *entre dans* la cage; quelques heures plus *tard*; un peu *moins* pénible; de plus en plus *haut*; il *lâche* le trapèze; il sent déjà l'haleine du carnivore; il *oublie* son rôle.

C. *Traduisez en français :*

Of all the animals in the Bibendum Circus it is the gorilla that attracts the most spectators. When he dies, it is a catastrophe. But the Director is a man of initiative. "Have the body cut up," he tells the head of the menagerie. "Have the skin prepared, and find me an unemployed actor." The old actor who comes to see the Director thinks that he is going to play the great classics. When the Director asks him to put on the gorilla's skin and make the children laugh, he refuses. But on learning that he will receive a hundred francs a day, he accepts!

The first days the work is not easy. He has to eat all the things the children offer him: peanuts, bananas, even rotten tomatoes. Poor Sertorius is not very hungry. But he gets used to his new occupation; the second week he is almost enthusiastic.

His tricks always work. When he scratches himself or makes faces, the spectators split their sides with laughter. And he swings on the flying trapeze. But one day he falls into the lions' cage. He sees them licking their chops. "They are going to devour me," he says to himself. He tries to call for help, but one of the lions knocks him over. Does Sertorius die? Not at all! The lions, too, are actors.

Une Vente difficile

A. *Répondez aux questions suivantes :*
1. Pourquoi le magasin de M. Dupont a-t-il beaucoup de clients ? Que fait M. Dupont une fois par semaine ? 3. Quel ordre donne-t-il un samedi à M. Séverin ? 4. Que fera M. Dupont si M. Séverin n'exécute pas cet ordre ? 5. Pourquoi M. Séverin, le samedi suivant, se précipite-t-il vers le directeur ? 6. Pourquoi M. Dupont n'est-il pas content du résultat de son inspection ? 7. Pourquoi faudrait-il être fou pour acheter le dernier complet ? 8. Que dit le directeur en quittant le rayon des vêtements d'hommes ? 9. Que dit le jeune employé au directeur quand celui-ci revient ? 10. Pourquoi M. Dupont demande-t-il à M. Séverin ce qui lui est arrivé ? 11. Que suppose-t-il que M. Séverin a fait ? 12. Comment M. Séverin s'est-il débarrassé du fameux costume ?

B. 1. *Employez le pronom nécessaire :* le magasin ——— M. Dupont est le directeur est à Paris; ce monsieur ——— vous voyez s'appelle M. Dupont; le magasin est à ———; M. Dupont ne demande pas comment il va ——— y prendre pour vendre les costumes; il voit un costume ——— pend dans un coin; il avait nommé M. Séverin chef de rayon parce qu'il n'y avait pas de meilleur vendeur que ———; il fait une visite ——— on appelle « l'inspection du général »; ——— a lieu tous les samedis; pendant que M. Dupont et M. Séverin parlent le jeune employé reste avec ———; pauvre M. Séverin ! ——— et le chien se sont battus.

2. *Trouvez le mot qui correspond à la description suivante :* une somme d'argent qui représente la valeur d'une chose; vendre des marchandises à bas prix pour s'en débarrasser; qui a perdu la raison; l'action ou le moment de fermer; un endroit où on traite les malades;

la trace qui reste d'une blessure; qui ne voit que d'un œil.

3. *Soulignez les voyelles nasalisées* : vêtements d'hommes; de bonne qualité; chaque semaine; autant; au moins une centaine; comment; sans exception; samedi prochain; Séverin; infirmerie.

C. *Traduisez en français :*

There are always many customers in Mr. Dupont's store because of the prices, which are very low. But Mr. Dupont is never satisfied. For example, one Saturday the owner visits the men's clothing department, and sees that there are about a hundred winter suits left. Mr. Séverin, head of the department and one of the best salesmen in the store, tries to explain his problems to him: it is spring, the suits are not in fashion, etc. Mr. Dupont does not listen to him. "Sell them," he tells him. "I'll come back next Saturday."

At the end of the following week all the suits are sold, except a little pink suit that is really horrible. Mr. Dupont finds it in a corner during his inspection. He does not fire Mr. Séverin immediately; he will do so on Monday if the last suit is not sold.

When Mr. Dupont comes back, a young employee tells him that the pink suit has been sold, but that the department head is in the infirmary. Poor Mr. Séverin arrives with a bandage on his head and a black eye. He had to fight with a dog which did not want to try on the famous little pink suit.

Une Procession mouvementée

A. *Répondez aux questions suivantes :*
1. Quel jour de l'année est-ce dans cette histoire ?
2. Pourquoi le maître de chapelle ne voit-il rien autour de lui ? 3. A quoi Mme Marcellin compare-t-elle sa fille

Airelle ? 4. Quelle est une des deux choses qu'Airelle fait aujourd'hui pour la première fois ? 5. Quelle est l'autre chose qu'elle fait pour la première fois ? 6. Comment Airelle salue-t-elle ses parents en passant à côté d'eux ? 7. Sur quoi Airelle marche-t-elle à ce moment-là ? 8. Pourquoi quitte-t-elle une de ses chaussures ? 9. Pourquoi le petit chanteur qui est derrière Airelle se baisse-t-il ? 10. Quelle surprise reçoit-il ? 11. Qu'est-ce qu'on entend tout à coup dans l'église ? 12. Qu'est-ce qui est arrivé ?

B. 1. *Remplacez les mots en italique par la forme convenable :* les chanteurs sortent *de l'église*; un bien joli spectacle pour *les parents* ; *Mme Marcellin* répond *à son mari*; il s'agit de *leur fille*; elle est fière de prendre part *à la procession*; le talon s'est pris *dans la grille*; il a remarqué *la chaussure*; il faut éviter de troubler *le bon ordre*; c'est *le maître de chapelle*; il vient de disparaître *dans le trou*.

2. *Mettez à la forme interrogative négative :* le culte s'achève; les parents remplissent la nef; Mme Marcellin répond à son mari; il s'agit d'Airelle; elle a mis des chaussures; elle va tomber; le talon s'est pris dans une grille; les fidèles les suivent des yeux.

3. *Soulignez les lettres qui se prononcent comme l'*e *du mot* me *:* selon la coutume; très lentement; le cantique traditionnel; la première des petites chanteuses; ses yeux bleus et ses cheveux blonds; faisant preuve d'un remarquable esprit d'initiative; personne; il se retrouve tenant la chaussure; le comportement des enfants.

C. *Traduisez en français :*

It is Easter Sunday. The service is finished and the choir begins to leave. Mr. and Mrs. Marcellin are very proud of their daughter Airelle, who is taking part in the procession for the first time. With her blonde hair, blue eyes and white tunic, she is very cute. She does not look at her parents but she smiles to them. She is only twelve, but for this great occasion she has spike heels. In the middle of the aisle there is a ventilation grating; one of Airelle's heels catches in a hole. What does she do? She simply leaves her shoe on the grating. One of the boys sees what has happened, leans over, and picks up the shoe—with the grating! A few moments later the congregation hears a horrible cry: the choirmaster has fallen into the hole.

Un Orignal original

A. *Répondez aux questions suivantes :*
1. Où sont M. Leclerc et M. Julien ? 2. Pourquoi une tête d'orignal est-elle déplacée dans un club de pêcheurs ? 3. Qu'est-ce qui justifie la présence de l'orignal dans le cas présent ? 4. Où était M. Leclerc l'été dernier ? 5. Quelle sorte de poisson essayait-il d'attraper ? 6. A quoi son hameçon s'est-il accroché ? 7. Pourquoi M. Leclerc court-il à sa cabane ? 8. Qu'est-ce que l'orignal essaie de faire en arrivant à la cabane ? 9. A quoi servait le bidon de pétrole que M. Leclerc avait dans sa cabane ? 10. Quel est son plan pour faire fuir l'orignal ? 11. Pourquoi ce plan ne réussit-il pas ? 12. Que fait l'orignal, et avec quel résultat ?

B. 1. *Employez la forme convenable du pronom ou de l'adjectif démonstratif* (celui, ceux, celle[s], celui-ci, etc.; ce[t], cette, ces) *:* ——— amis; ——— animal; ——— hameçon; ——— oreille; ——— orignal et ——— que j'ai tué l'année dernière; la canne de M. Julien et ——— ; ——— poissons et ——— que nous avons mangés; mon cadeau et ——— de M. Leclerc.

2. *Employez la préposition convenable, s'il y a lieu :* on a accroché la tête ——— la cheminée; il était bien placé ——— parler ——— l'orignal; il adore ———

taquiner le saumon; il s'apprêtait ——— lancer sa ligne; le hameçon s'est accroché ——— son oreille; qu'êtes-vous en train ———faire ?; l'orignal était ——— dix pieds ——— l'homme; l'animal s'avance ——— pas lents ——— lui; le pêcheur tâche ——— atteindre sa cabane; a-t-il vraiment fait un mille ——— deux minutes ?; il faut ——— tuer l'orignal; l'animal veut renverser la cabane ——— l'aide de ses pattes; il a jeté le pétrole ——— la fenêtre; cela suffira ——— le faire fuir; il ne me laisse pas le temps ——— finir.

3. *Remplacez les mots en italique par les expressions convenables qui se trouvent dans le texte :* cette espèce de trophée; j'*aime beaucoup* la pêche au lancer; je *me prépare* à lancer ma ligne; *soudain* le fil résiste; un *très grand* orignal; je *m'enfuis au plus vite*; j'*essaye d'arriver* à ma cabane; l'orignal court *très rapidement*; il va *s'en aller*.

C. *Traduisez en français :*

Two fishermen are talking about the moose's head that has just been hung in the meeting room of their club. One of these gentlemen would like to see a fish over the fireplace; but the other one explains to him that the moose was caught like a fish—on a line! And here is the story he tells.

One day he is fishing for salmon in the Laurentians. He is going to cast his line when he sees that his hook is caught on a moose's ear. The fisherman's cabin is a mile from there; he runs to it as quickly as possible. The moose plants itself in front of the door and refuses to leave. The fisherman thinks that the animal will flee if he makes a bonfire. He empties a can of kerosene on its back, but he has not time to throw the match. The moose begins to scratch itself against a tree in order to calm the itching caused by the kerosene. And after a few hours there is only the head left!

Monsieur Sans-Gêne

A. *Répondez aux questions suivantes :*
1. Comment indique-t-on qu'un compartiment est réservé ? 2. Que fait le ministre pendant son voyage ? 3. Quelle surprise le ministre reçoit-il quand le train s'arrête dans une petite gare ? 4. Quelle opinion le voyageur a-t-il des chemins de fer ? 5. Pourquoi est-ce que le ministre tousse et éternue ? 6. Que décide-t-il de faire finalement ? 7. Pourquoi ne le fait-il pas ? 8. Que dit le voyageur au sujet des règlements ? 9. Pourquoi le ministre tire-t-il son portefeuille ? 10. Pourquoi le voyageur n'apprend-il pas l'identité du ministre ? 11. Qu'est-ce que le ministre ordonne à un porteur de faire quand le voyageur descend ? 12. Que fait le voyageur quand le porteur exécute l'ordre du ministre ?

B. 1. *Donnez un synonyme de :* le déplacement, l'étiquette, s'installer, extraire, s'immobiliser, la désinvolture, craindre, d'après, furieux, jeter un coup d'œil à.

2. *Divisez en syllabes :* officiel, naturellement, mention, s'immobiliser, organisé, éternué, ouvrir, règlements, interlocuteur, négligemment, signaler, étranger.

3. *Corrigez, s'il y a lieu, les phrases suivantes :* le ministre est en vacances; il va à Paris; le mot de l'étiquette est en rouge; pendant son voyage le ministre lit un livre; le ministre invite le monsieur élégant à s'asseoir; le voyageur fume plusieurs cigarettes; le ministre déteste la fumée; le ministre demande au monsieur élégant une carte de visite; le monsieur jette la carte par la fenêtre; le porteur signale le voyageur au chef de gare.

C. *Traduisez en français :*
This gentleman who is travelling alone in a first-class compartment on the Marseilles express is the Minister

of Transport. A sign on the door indicates that the compartment is reserved, and that no one may come in. The Minister is very busy; he is preparing a speech.

After a few hours the train stops at a little station. A well-dressed gentleman opens the door of the Minister's compartment and settles down on the other seat. He begins to smoke a long cigar, and soon the air is bluish. The Minister is furious, but the passenger shrugs his shoulders. He puts into his pocket, without looking at it, the visiting card that the Minister hands him.

When the passenger gets off the Minister calls a porter. "Report that gentleman to the stationmaster," he tells him. When the porter asks him his identity the stranger hands him a card. The porter reads the card and thinks that the passenger who has violated all the regulations is the Minister of Transport.

VOCABULAIRE ET NOTES

VOCABULAIRE ET NOTES

A

a *see* **avoir**
à at, in, to, on; (**un monsieur**) **à** (**la Légion d'honneur**) with; **à l'**(**accent germanique**) with a; (**parvenir**) **à** (**quelques pas**) within; **à elle seule** by itself, alone; (*to introduce an inf. having passive value*) (**la distance**) **à couvrir** to be covered; (*untranslated in expressions of distance*) **à quelques mètres du bord** a few meters from the edge; **à quelques pas de M. Jaubert** a few steps away from Mr. Jaubert
abandonné, -ée *past part. of* **abandonner**
abandonner abandon, give up
un **abbé** abbot; **l'— Martin** Father Martin
un **aboiement** bark, barking
abondamment abundantly, copiously
un **abord** approach; **d'—** (at) first
abrégeons *imperative 1st pl. of* **abréger**
abréger cut short
un **abri** shelter; **à l'—** sheltered
abrite *pres. ind. 3rd sing. of* **abriter**
abriter shelter; **s'—** take cover (shelter)
une **absence** [apsɑ:s] absence
absolument [apsɔlymɑ̃] absolutely; *see* **falloir**
absorbé, -ée *past part. of* **absorber**
absorber [apsɔrbe] absorb; consume
absurde [apsyrd] absurd
une **absurdité** [apsyrdite] absurdity
un **accélérateur** accelerator
accélérer accelerate; **s'—** become faster
un **accent** accent
accepte *pres. ind. 1st sing. of* **accepter**
accepter (de) accept; agree, consent (to)
un **accessoire** accessory; (*pl.*) accessories, properties
un **accident** accident
accidenté, -ée damaged (as the result of an accident)
accompagne *pres. ind. 3rd sing. of* **accompagner**
accompagné, -ée *past part. of* **accompagner**
accompagner accompany;

s'— de be accompanied by

un **accord** agreement; **d'**— (!) agreed(!), all right(!)

accorde *pres. ind. 1st sing. of* **accorder**

un **accordéon** accordion; **en** — crumpled up

accorder grant; agree

accourent *see* **accourir**

accourir (*conj. like* **courir**) hasten (up), come running

accroché, -ée *past part. of* **accrocher**

accrocher (à) hang; catch, snag (on)

accroupi, -e *past part. of* **accroupir**

accroupir : s'— sit (down), crouch (down); **accroupi** sitting

accueille *see* **accueillir**

accueilli, -e *see* **accueillir**

accueillir [akœjiːr] (*conj. like* **cueillir**) receive, welcome; **être mal accueilli** get a bad reception

accusateur, -trice accusing

une **accusation** accusation

achète *pres. ind. 1st sing. and imperative 2nd sing. of* **acheter**

acheté, -ée *past part. of* **acheter**

achètent *pres. ind. 3rd pl. of* **acheter**

acheter buy; **s'**— buy (for) oneself; (**il veut**) **m'**—... buy from me; **je vous achète votre poisson** I'll buy your fish from you

achève *pres. ind. 3rd sing. of* **achever**

achever [aʃve] end; **s'**— end, draw to a close

acoustique acoustical; **un appareil** — hearing aid

un **acteur** actor

une **actrice** actress

actuel, -elle present

une **addition** addition; bill

adieu, -x *m.* good-bye, farewell

un **adjectif** adjective

un **adjoint** assistant

adjugé, -ée *past part. of* **adjuger**

adjuger adjudge; knock down (*at auctions*); **adjugé** (!) gone(!)

admirablement admirably, wonderfully

une **admiration** admiration

adore *pres. ind. 1st sing. of* **adorer**

adorer adore, love

adressant *pres. part. of* **adresser**

une **adresse** address; **à l'**— **de** at, to

adresser address; **s'**— **à** address, speak to

un **adulte** adult, grown-up

un **adverbe** adverb

un **adversaire** opponent

une **aération** ventilation; **la bouche d'**— ventilator;

la grille d'— ventilator-grating
un **aéroport** airport
une **affaire** business, affair, matter; (*pl.*) business; **un homme d'—s** businessman
affamé, -ée hungry, ravenous
une **affiche** poster
affolé, -ée panic-stricken
affolez *pres. ind. and imperative 2nd pl. of* **affoler**
affoler throw into a panic; **s'—** fall into a panic, panic
affolons *imperative 1st pl. of* **affoler**
affreux, -euse frightful, hideous
affronter face, brave
Afrique *f.* Africa
un **âge** age
âgé, -ée old
un **agent** agent; **— de police** policeman
agit : il s'— **de** it is a question of; **de quoi il s'—** what it is (all) about
agitant *pres. part. of* **agiter**
agite *pres. ind. 3rd sing. of* **agiter**
agiter agitate; stir; wave; move; **s'—** be restless, rush around
agrandi, -e *past part. of* **agrandir**

agrandir enlarge
agrémenté, -ée *past part. of* **agrémenter**
agrémenter embellish, adorn
un **agresseur** aggressor, assailant
ah ah! oh!
ahuri, -e dumbfounded
ai *see* **avoir**
une **aide** help, assistance; **appeler à l'—** call for help; **à l'— de** with the help of
aide *imperative 2nd sing. of* **aider**
aider help
aigre sour; shrill
une **aiguille** needle; hand (*of clock*); **le talon —** spike heel
une **aile** wing
aille *pres. subjunctive 1st sing. of* **aller**
ailleurs elsewhere; **d'—** from elsewhere; besides, moreover
aimable amiable, pleasant, kind; **vous êtes — de vous être arrêté** it was very kind of you to stop
aimait *imp. ind. 3rd sing. of* **aimer**
aime *pres. ind. 3rd sing. of* **aimer**
aimer like
aimerais *cond. 1st sing. of* **aimer**
ainsi thus, so, in this (*or*

that) way; like that

un **air** air; manner, way; **avoir l'— enchanté** look (seem) delighted; **avoir l'— troublé** look flustered (upset); **l'— satisfait** looking pleased (with themselves); **l'— embarrassé** looking embarrassed; **l'— innocent** innocently; **d'un — dégoûté** in a disgusted manner; **avoir l'— de** + *inf.* seem to; **sans en avoir l'—** without seeming to do so

une **aise** ease, comfort; **à l'—** comfortable

ait *pres. subjunctive 3rd sing. of* **avoir**

ajoute *pres. ind. 3rd sing. of* **ajouter**

ajouter add

alimentaire alimentary

allait *see* **aller**

une **allée** walk, path; lane, entrance, drive(way); aisle

allemand, -e German

aller go; **il va me tuer !** he'll kill me!; **comment allez-vous ?** how are you?; **comment vont les affaires ?** how is business?; **qu'est-ce qui ne va pas ?** what is wrong?; **allons** (!) come (on)!; **allons-y** let's get on with it; **vas-y** go ahead; **allons l'essayer** let's go and try it; **s'en —** leave, go away
  Indicatif :
  Prés. **je vais, tu vas, il va, nous allons, vous allez, ils vont**
  Imp. **j'allais,** etc.
  Passé
  Indéf. **je suis allé,** etc.
  Fut. **j'irai,** etc.
  Cond. **j'irais,** etc.
  Impératif :
  va, allons, allez
  Participes :
  allant, allé

allèrent *past definite 3rd pl. of* **aller,** = **sont allé(e)s**

allez *see* **aller**

allongé, -ée *past part. of* **allonger;** (*adj.*) long

allonger stretch out; **s'—** stretch out, lie down

allongez *imperative 2nd pl. of* **allonger**

allons *see* **aller**

allume *pres. ind. 3rd sing. of* **allumer**

allumé, -ée *past part. of* **allumer**

allumer light

une **allumette** match

une **allure** gait; speed; aspect; **à toute —** at full speed; **il a bien piètre —** he looks wretched

alors then; so; well (then); **et — ?** so what?; *see* **ça**

Alphonse *m.* Alphonso,

Alfonso
alternativement alternately, by turns
un **amateur** lover; — **de théâtre** theatre-goer
un **ambassadeur** ambassador
une **âme** soul; *see* **mort**
amen [amεn] amen
aménagé, -ée *past part. of* **aménager**
aménager arrange, fit out
amener bring
américain, -e American
Amérique *f.* America; — **du Sud** South America
un **ami,** une **amie** friend; (*used by wife to husband*) **mon (pauvre)** — my (poor) dear
une **amitié** friendship
amoureux, -euse enamoured; **tomber — de** fall in love with
amusant, -e amusing
amuse *pres. ind. 3rd sing. of* **amuser**
amusé, -ée *past part. of* **amuser**
amuser amuse, entertain; **s'— (beaucoup)** have a (very) good time
amusèrent : s'— *past definite 3rd pl. of* **s'amuser,** = **se sont amusé(e)s**
un **an** year
ancien, -ienne ancient, old; (*before noun*) former
André *m.* Andrew

un **ange** angel
un **angle** angle
Angleterre *f.* England
une **anguille** eel
un **animal, -aux** animal
une **animation** animation
un **anneau, -x** ring
une **année** year
un **anniversaire** anniversary; birthday
une **annonce** announcement, notification
annonce *pres. ind. 3rd sing. of* **annoncer**
annoncer announce
anormalement abnormally
un **anthropoïde** anthropoid (ape)
anti-germanique anti-German
un **antiquaire** antique dealer
apercevant *see* **apercevoir**
apercevoir (*conj. like* **recevoir**) see, catch sight (a glimpse) of, sight; **s'— de** notice
aperçoit *see* **apercevoir**
aperçu, -e *see* **apercevoir**
apitoyer move (to pity)
apparaissent *see* **apparaître**
apparaît *see* **apparaître**
apparaître (*conj. like* **paraître**) appear
un **appareil** apparatus; device
une **apparence** appearance; **en —** on the surface, ostensibly

une **apparition** appearance
un **appartement** apartment
appartenir (*conj. like* **tenir**) belong
appartiennent *see* **appartenir**
appeler call; **s'—** be called; **je m'appelle** my name is
appelle *pres. ind. 1st and 3rd sing. of* **appeler**
appellerons *fut. ind. 1st pl. of* **appeler**
un **appétit** appetite; **de bon —** heartily
les **applaudissements** *m.* applause
une **application** application; **entrer en —** go into effect
appliquer apply
apporte *pres. ind. and subjunctive 3rd sing. of* **apporter**; **que Durandal m'apporte une lettre d'excuses** have (let) Durandal bring me a note; **qu'on m'apporte un bâton !** (let someone) bring me a stick!
apporter bring
apprendre (*conj. like* **prendre**) learn
un **apprenti** apprentice; beginner
apprêtant *pres. part. of* **apprêter**
apprête *pres. ind. 1st and 3rd sing. of* **apprêter**
apprêtent *pres. ind. 3rd pl. of* **apprêter**
apprêter prepare; **s'— (à)** prepare, get ready (to)
appris, -e *past part. of* **apprendre**
approche *pres. ind. 3rd sing. of* **approcher**
approcher approach; **s'— (de)** approach
approximativement approximately
appuie *pres. ind. 3rd sing. of* **appuyer**
appuyer (sur) press
appuyez *pres. ind. 2nd pl. of* **appuyer**
après after, afterwards; **— tout** after all; **d'—** according to, from, after
un *or* une **après-midi** (*invariable in pl.*) afternoon
un **arbre** tree
une **arête** (fish)bone
un **argent** silver; money
Argentine *f.* Argentina
une **arithmétique** arithmetic
une **arme** arm, weapon; **à —s égales** on equal terms
une **armée** army
une **armoire** wardrobe
arrachent *pres. ind. 3rd pl. of* **arracher**
arracher tear up
arrange *pres. ind. 3rd sing. of* **arranger**
arranger arrange; **cela n'arrange rien** that does not help matters
une **arrestation** arrest

VOCABULAIRE 157

arrête *pres. ind. 3rd sing. of* **arrêter**
arrêté, -ée *past part. of* **arrêter**
arrêter stop; arrest; **s'—** stop
arrêtera *fut. ind. 3rd sing. of* **arrêter**
arrêtez *imperative 2nd pl. of* **arrêter**
un **arrière** back, rear
arrive *pres. ind. 1st and 3rd sing. of* **arriver**
arrivé, -ée *past part. of* **arriver**
une **arrivée** arrival
arrivent *pres. ind. 3rd pl. of* **arriver**
arriver arrive; happen; **que vous est-il arrivé ?** what happened to you?
un **arrondissement** ward (*in* Paris)
un **art** art
Artaban *m. hero of the 17th-century novel* Cléopâtre, *by* La Calprenède
un **article** article
un **artifice** artifice; *see* **feu**
artificiel, -ielle artificial
as *see* **avoir**
un **ascenseur** elevator
un **assassinat** murder
assassiné, -ée *past part. of* **assassiner**
assassiner murder
asseoir seat; **s'—** sit (down)
asseyent *pres. ind. 3rd pl. of* **asseoir**
asseyez *imperative 2nd pl. of* **asseoir**
assez enough; **— de** enough; **—(...) pour +** *inf.* enough (...) to
assied *pres. ind. 3rd sing. of* **asseoir**
une **assiette** plate
une **assistance** audience; spectators, onlookers
un **assistant** bystander, onlooker, spectator
assister assist; **— à** be present at, attend
assourdi, -e *past part. of* **assourdir**
assourdir deaden, muffle
une **assurance** assurance; insurance
assure *pres. ind. 1st sing. of* **assurer**
assurer assure; **s'— de** make sure of, ascertain
assurez *imperative 2nd pl. of* **assurer**
les **atours** *m.* finery, attire
un **âtre** fireplace, hearth
attache *imperative 2nd sing. of* **attacher**
attacher attach, fasten
attaquer attack
atteindre reach, attain
Indicatif :
Prés. **j'atteins, tu atteins, il atteint, nous atteignons, vous atteignez, ils atteignent**
Imp. **j'atteignais,** etc.

PASSÉ
INDÉF. **j'ai atteint**, etc.
FUT. **j'atteindrai**, etc.
COND. **j'atteindrais**, etc.
Impératif :
atteins, atteignons, atteignez
Participes :
atteignant, atteint
atteint, -e *see* **atteindre**
attend *pres. ind. 3rd sing. of* **attendre**
attendais *imp. ind. 1st sing. of* **attendre**
attendez *imperative 2nd pl. of* **attendre**
attendit *past definite 3rd sing. of* **attendre**, = a **attendu**
attendons *pres. ind. 1st pl. of* **attendre**
attendra *fut. ind. 3rd sing. of* **attendre**
attendre wait, wait for, await; l'— à l'aéroport meet him at the airport
attends *pres. ind. 1st sing. and imperative 2nd sing. of* **attendre**
attendu, -e expected
attentif, -ive attentive
une **attention** attention; **avec —** carefully, attentively; **—** (!) look out(!); **faire —** be careful
attentivement attentively
attire *pres. ind. 3rd sing. of* **attirer**
attiré, -ée *past part. of* **attirer**
attirer attract
attrapé, -ée *past part. of* **attraper**
attraper catch
au, aux = à + **le**, à + **les** (*art.*)
une **aube** dawn
aucun, -e any, no; **ne...**
— no; (*pron.*) none
au-dessus above; **— de** above
au-devant : se précipiter — de rush to meet
un **auditeur** hearer, listener; (*pl.*) audience
un **auditoire** audience
aujourd'hui today; **c'est — vendredi** today is Friday
auparavant before(hand), first
auprès close to, hard by; **— de** with, to
aurai, aurais, aurait *see* **avoir**
auras *see* **avoir**
aurez *see* **avoir**
auriez *see* **avoir**
aurons, auront *see* **avoir**
aussi also, too; as; **—... que** as . . . as; (*comes before the verb, and may cause the inverted order*) therefore, consequently; *see* **moi**
aussitôt at once, immediately
autant as (so) much; **— que** as much as

automatique automatic
un **automne** [otɔn] autumn
une **auto(mobile)** car
un(e) **automobiliste** motorist
autorise *pres. ind. 1st sing. of* **autoriser**
autoriser (à) authorize, empower (to)
autoritaire authoritative, authoritarian, domineering
une **autorité** authority; **d'**— on his own authority
un **auto-stop** hitchhiking; **faire de l'**— hitchhike, thumb a ride
autour round; **— de** (a)round, about
autre (*adj. and pron.*) other; **entre —s** among other things
autrement otherwise; differently; **— dit** in other words
une **autruche** ostrich
avais, avait *see* **avoir**
avale *pres. ind. 3rd sing. of* **avaler**
avaler swallow
avance, avancent *pres. ind. 3rd sing. and pl. of* **avancer**
avancer advance, move forward; **s'**— advance, move (come) forward
avant before (*of time*); **avant de** + *inf.* before; **avant que** (*conj.*) before; (*invariable adj.*) front; **le siège —** the front seat
un **avant** front
une **avant-garde** advanced guard
une **avant-scène** forestage
avec with
une **aventure** adventure
avertir warn, notify
un **avertissement** warning
aveuglant, -e blinding
avez *see* **avoir**
un **avion** (air)plane
avisé, -ée *past part. of* **aviser**
aviser perceive; inform
un **avocat** lawyer, barrister
avoir have, get; **il y a** there is, there are; **qu'y a-t-il ?** what is it?, what's the matter?; **qu'est-ce qu'il a ?** what is the matter with him?; **nous n'avons plus qu'à attendre** we have only to wait; **je n'avais qu'à aller** I had only to go; **si vous n'auriez pas...** whether you might not have...
Indicatif :
PRÉS. **j'ai, tu as, il a, nous avons, vous avez, ils ont**
IMP. **j'avais,** etc.
PASSÉ
INDÉF. **j'ai eu,** etc.
FUT. **j'aurai,** etc.
COND. **j'aurais,** etc.
Impératif :
aie, ayons, ayez

Participes :
    ayant, eu [y]
avons *see* **avoir**
avoué, -ée *past part. of* **avouer**
avouer acknowledge, confess
avouez *imperative 2nd pl. of* **avouer**
ayez *pres. subjunctive and imperative 2nd pl. of* **avoir**

B

les **babines** *f.* lips, chops
bafouille *pres. ind. 3rd sing. of* **bafouiller**
bafouiller stammer
les **bagages** *m.* baggage
bâillant, -e gaping; **tout —** wide open
le **bâillement** yawn
baissant *pres. part. of* **baisser**
baisse *pres. ind. 3rd sing. of* **baisser**
baissé, -ée *past part. of* **baisser**
baisser lower; **se —** bend down
le **bal** ball, dance
balancer swing; **se —** swing
le **balancier** pendulum; balance wheel
la **balle** ball
la **banane** banana
le **banc** bench, pew
le **bandage** bandage
le **bandit** bandit
la **banque** bank
la **banquette** seat
la **barbe** beard
barlé = **parler**
la **barre** bar, rod
le **barreau, -x** bar
le **bas** lower part, bottom; **en —** down below; **de — en haut** upwards, from bottom to top
bas, basse low; **la tête basse** with their heads down
bas (de mal) = **pas**
la **bataille** battle
le **bateau, -x** boat
le **bâton** stick
le **battant** door
battez *see* **battre**
battre beat; **se —** fight
  Indicatif :
    Prés. **je bats, tu bats, il bat, nous battons, vous battez, ils battent**
    Imp. **je battais,** etc.
    Passé Indéf. **j'ai battu,** etc.
    Fut. **je battrai,** etc.
    Cond. **je battrais,** etc.
  Impératif :
    bats, battons, battez
  Participes :
    battant, battu
battu, -e *see* **battre**
bavant *pres. part. of*

baver
baver slobber
béant, -e gaping
beau, bel, belle; beaux, belles beautiful, fine; **de plus belle** more than ever; louder than ever; harder than ever
beaucoup much, very much; **aimer —** be very fond of
le **bec** beak
bel, belle *see* **beau**
Berlin *m.* Berlin
bertus = **perdus**
le **besoin** need; **avoir — de** need, require
la **bête** beast, animal
bêtement stupidly, like a fool
le **beurre** butter; **un œil au — noir** black eye
le **bidon** can
bien well; really; very; much, very much; **— (!)** good(!); **eh bien (!)** well(!); all right (!); **—, monsieur** very good, sir; **ou —** or else; **si — que** so that; (c'est) **— (pour vous faire plaisir)** only; (*for emphasis*) **c'est — moi** that's right (I'm the one); **vous avez — téléphoné** you *did* telephone; **je vous l'avais — dit** didn't I tell you so!; **vous savez — changer de vitesse** you *do* know how to change gears; **vous le voyez —** don't you see?; **je verse — le pétrole** I *do* pour the kerosene
bientôt soon; **à (très) —** good-bye, see you again (very) soon
le **bijou, -x** jewel, piece of jewellery
le **billet** note, bill; **— de banque** banknote
blanc, -che white; blank
blessé, -ée *past part.* of **blesser**
blesser injure, hurt; **se —** hurt oneself
la **blessure** wound, injury
bleu, -e blue
bleuâtre bluish
blond, -e fair, blonde
blotti, -e huddling, huddled
blus = **plus**
boire drink; **offrir à —** offer a drink
Indicatif :
PRÉS. **je bois, tu bois, il boit, nous buvons, vous buvez, ils boivent**
IMP. **je buvais,** etc.
PASSÉ
INDÉF. **j'ai bu,** etc.
FUT. **je boirai,** etc.
COND. **je boirais,** etc.
Impératif :
bois, buvons, buvez

Participes :
buvant, bu
le **bois** wood, forest; antler
la **boîte** box; — **à musique** music box
bon, bonne good; **bon (!)** good, fine, all right; **pour de —** for good, really, in earnest; **— (à jeter aux ordures)** fit
le **bonbon** (piece of) candy; (*pl.*) candy
le **bond** bound, leap
bondé, -ée packed, crammed
bondir leap, bound, spring up; **son cœur bondit** her heart gives a leap
bondit *pres. ind. 3rd sing. of* **bondir**
le **bonjour** good day, good morning, good afternoon
la **bonne** maid; **changer de —** change maids
la **bonté** goodness, kindness
le **bord** edge
borgne one-eyed
borte = porte
la **bouche** mouth; opening; **— d'aération** ventilator
la **boucle** buckle; loop; **—s d'oreille** ear-rings
la **boue** mud
boueux, -euse muddy
la **bouffée** puff; *see* **tirer**
bougonnant *pres. part. of* **bougonner**

bougonner grumble, grouse
bouillant, -e boiling
bouillir boil
Indicatif :
Prés. **je bous, tu bous, il bout, nous bouillons, vous bouillez, ils bouillent**
Imp. **je bouillais,** etc.
Passé
Indéf. **j'ai bouilli,** etc.
Fut. **je bouillirai,** etc.
Cond. **je bouillirais,** etc.
Impératif :
bous, bouillons, bouillez
Participes :
bouillant, bouilli
la **boule** ball; **— puante** stink bomb
le **bourgeois,** la **bourgeoise** middle-class person
le **bout** end; **au — de** after, at the end of
la **bouteille** bottle
la **boutique** shop
le **bouton** button
la **boutonnière** buttonhole
le **bracelet** bracelet
braillard, -e clamorous, uproarious, noisy
la **braise** (glowing) embers
brandir brandish
brandissant *pres. part. of* **brandir**
le **bras** arm; **du —** with my arm

VOCABULAIRE

le **brassard** arm band, arm badge
brave brave; good
bravo (*interjection*) bravo, good
bref, brève, brief, short
brillamment brilliantly
brille *pres. ind. 3rd sing. of* **briller**
briller shine
la **broche** spit; brooch
le **bruit** noise
brûle *pres. ind. 3rd sing. of* **brûler**
brûler burn; **se — les pieds** burn one's feet
brusquement abruptly, suddenly
brussien = **prussien**
bruyant, -e noisy
bu *see* **boire**
le **bureau, -x** office; desk; **— de réception** registration desk
le **but** target, mark

C

c' = **ce** (*pron.*)
ça (*familiar*) = **cela**; (*not translated*) **ces animaux-là, ça court rudement vite** those animals run awfully fast
çà : — alors ! How do you like that?, What do you know about that?; **— par exemple !** that's a bit thick!
la **cabane** cabin
le **cabaret** tavern
le **cabinet** office (*of doctor*)
cabossé -ée *past part. of* **cabosser**
cabosser dent
le **cabotin** (poor) actor, barnstormer, ham
la **cacahuète** peanut
cache, cachent *pres. ind. 3rd sing. and pl. of* **cacher**
cacher hide; **se —** hide
la **cachette** hiding place
le **caddie** caddy
le **cadeau, -x** gift; **faire — de** make a gift of, present
le **cadran** face (*of clock*)
le **café** coffee
la **cage** cage
la **caisse** case, crate
calcule *pres. ind. 3rd sing. of* **calculer**
calculé, -ée *past part. of* **calculer**
calculer calculate
calme calm; quiet
calmement calmly
calmer calm; **se —** compose oneself, calm down
calmez *imperative 2nd pl. of* **calmer**
la **calomnie** calumny
le (la) **camarade** comrade, chum; **— d'école** schoolmate
le **caméléon** chameleon
le **camp** camp; *see* **ficher**

la **campagne** (open) country; countryside
camper camp; **se —** plant oneself
canadien, -ienne Canadian
le **canard** duck
la **canne** cane; rod
le **canon** cannon; barrel
le **cantique** hymn
le **caoutchouc** rubber
le **capitaine** captain
le **capot** hood
le **caprice** caprice, whim
la **capture** capture
capturé, -ée *past part. of* **capturer**
capturer capture
car for
le **caractère** character; disposition; **avoir mauvais —** have a nasty disposition
le **carnet** notebook
le **carnivore** carnivore
la **carpe** carp
la **carte** card
la **cartouche** cartridge; round (of ammunition)
le **cas** case; **selon le —** as the case may be
le **casino** casino
casse *pres. ind. 1st sing. of* **casser**
casse, -ée *past part. of* **casser**
casser break
la **casserole** saucepan
la **cause** cause
causé, -ée *past part. of* **causer**
causer cause
la **causette** little chat; **faire la —** pass the time of day
la **cave** cellar
ce, cet, cette; ces (*adj.*) this; that; these; those; **à cette heure-ci** at this hour; **à ce moment-là** at that moment
ce (*pron.*) it, that, this; he, she, they; **ce qui, ce que** what, that which; **c'est que...** it is because..., the truth is that...
ceci (*pron.*) this
la **ceinture** belt
cela (*pron.*) that; (*with* **être, cela** *becomes* **c'est là** *if there is a noun or noun-clause in the predicate*) **c'est là mon secret** that's my secret; **c'est —** that's it, that's right
célèbre famous
celle(s) *see* **celui**
celui, celle; ceux, celles (*pron.*) the one, that, those; he, she, they; **celui-ci** this one; the latter; he, him, it; **celle-ci** this one; the latter; she, her, it; **celui de saint Pierre** St. Peter's; **et celui-là?** what about *him*?

VOCABULAIRE 165

cent (a, one) hundred;
— **dix** one hundred
and ten
la **centaine** (about a) hundred
cependant meanwhile;
nevertheless, however
le **cercle** circle; club
la **cérémonie** ceremony
certain, -e (*adj.*) certain,
sure; (*pron.*) certain
certainement certainly,
of course
ces *see* **ce** (*adj.*) these;
those
c'est-à-dire that is
cet, cette *see* **ce** (*adj.*)
chacun, -e each, each one
la **chair** flesh
le **chalet** chalet; clubhouse
la **chaleur** heat; **il fait une
— torride** the weather
is broiling
la **chambre** room; **— à
coucher** bedroom
la **chance** chance, luck;
avoir de la — be lucky
le **change : donner le —** put
on a wrong scent,
create a diversion
changé, -ée *past part. of*
changer
changer change; *see*
bonne; vitesse
le **chant** singing, song
chantant *pres. part. of*
chanter
chante, *pres. ind. 3rd
sing. of* **chanter**
chanter sing

le **chanteur, la chanteuse**
singer
chantonnant *pres. part.
of* **chantonner**
chantonner hum, sing
softly
le **chapeau, -x** hat
la **chapelle** chapel; **le
maître de —** choir-
master
chaque each, every
chargé, -ée *past part. of*
charger
chargent *pres. ind. 3rd
pl. of* **charger**
charger load; instruct
charmant, -e charming
la **chasse** hunt, hunting; **à
la —** hunting; **— au
pilou** galumpher-hunt-
(ing)
chassé, -ée *past part. of*
chasser
chasser hunt
le **chasseur** hunter; bellboy
chaud, -e warm, hot;
faire chaud be warm,
hot (*of weather*)
chaudement warmly
le **chauffeur** chauffeur,
driver
chausser put on
la **chaussette** sock
chaussez *imperative 2nd
pl. of* **chausser**
la **chaussure** shoe; piece of
footwear
che = **je**
le **chef** [ʃɛf] head; chief,
leader

le **chemin** way, road, path;
— **de fer** railway
la **cheminée** fireplace
le **chèque** cheque
cher, chère dear, expensive; (*noun*) **mon cher** my dear fellow
chercher look for; get; **aller** — go and get; — **à** attempt, try to
cherchez *imperative 2nd pl. of* **chercher**
cherchiez *imp. ind. 2nd pl. of* **chercher**
chéri, -e (*adj. and noun*) beloved, darling
le **cheval, -aux** horse; — **de course** racehorse
les **cheveux** *m.* hair; **aux** — **blonds** with blonde hair, blonde-haired
le **chewing-gum** chewing gum
chez at (in, to) the house (home, office, place, shop) of; **il rentre** — **lui** he goes home; — **moi** at (etc.) my house (place), at (my) home
le **chien** dog
le **chœur** [kœːr] choir
le **chômage** unemployment; **en** — unemployed
chuchote *pres. ind. 3rd sing. of* **chuchoter**
chuchoter whisper
chut [ʃ(y)t] hush, ssh
la **chute** fall
-ci *see* **ce** (*adj.*), **celui**
la **cicatrice** scar
Cie = Compagnie

le **ciel** (*pl.* **cieux**) sky, heaven; **les yeux au** — gazing upwards
la **cigale** cicada
le **cigare** cigar
la **cigarette** cigarette
ci-joint, -e herewith (*agrees in gender and number with the noun only when* **ci-joint** *follows*)
le **cinéma** cinema, pictures
cinq five
cinquante fifty
la **circonstance** circumstance, occasion
la **circulation** traffic
circule *pres. ind. 3rd sing. of* **circuler**
circuler move (about)
le **cirque** circus
le **citoyen** citizen
clair, -e clear; **y voir clair en affaires** understand business
claquer bang; **la gomme à** — bubble gum
la **clarté** clearness, clarity; **garder la** — **de notre esprit** remain clear-minded
la **classe** class; **en** — to (in) class
classique classic(al); stereotyped; **c'est** — that's an old one, that's what always happens; (*noun*) **les** —**s** *m.* classics
la **clef** [kle] key
le **client, la cliente** client, customer

VOCABULAIRE

clignant *pres. part. of* **cligner**
cligner : — **de l'œil** wink
le **clin** wink; **faire un** — **d'œil** wink
le **club** [klœb] club
cocasse drôle, comical
le **cochon** pig
le **cœur** heart; **de tout mon** — with all my heart
le **coffre** coffer, chest
le **coffre-fort** strongbox, safe
la **coiffure** hair-do
le **coin** corner; **du** — **de l'œil** out of the corner of his eye
coincé, -ée *past part. of* **coincer**
coincer wedge
la **colère** anger
le **colis** parcel
collant, -e *pres. part. of* **coller;** (*adj.*) sticky
colle *pres. ind. 3rd sing. of* **coller**
collé, -ée *past part. of* **coller;** — **aux barreaux** pressed against the bars
collectif, -ive collective
la **collection** collection
collectionné, -ée *past part. of* **collectionner**
collectionner collect
le **collège** school
le **collègue** colleague
coller stick; **se** — stick
le **collier** necklace
la **colline** hill
le **colonel** [kɔlɔnɛl] colonel; **mon** — colonel

le **combat** combat, fight, action
combien how much, how many
le **commandant** commander; major
la **commande** order; **sur** — (made) to order
le **commandement** command
comme as, as if; like; **sombres** — **la nuit** as dark as night; — **c'est curieux !** how curious!; — **je suis contente !** how glad I am!
commence *pres. ind. 3rd sing. of* **commencer**
le **commencement** beginning
commencer (à) commence, begin, start (to); — **par** begin by
comment how; — **?** what (did you say)?; — **!** what!; — **annoncer la nouvelle ?** how am I to tell the news?; —**...?** what do you mean...?; — **cela ?** how so?; — **décrire sa surprise ?** how can one describe his surprise?
le **commerçant** merchant
le **commerce** commerce, trade; **le voyageur de** — commercial traveller
le **commis** clerk; — **voyageur** travelling salesman
le **commissaire** commissioner; — **de police**

police commissioner
le **commissaire-priseur** auctioneer
commun, -e common
la **compagne** companion
la **compagnie** company; **en — de** in company with
comparant *pres. part. of* **comparer**
comparer compare
le **compartiment** compartment
le **complet** suit
complet, -ète complete
complètement completely
complice abetting
la **complicité** complicity
comporte *pres. ind. 3rd sing. of* **comporter**
le **comportement** behaviour
comporter include
composent *pres. ind. 3rd pl. of* **composer**
composer compose, make up
comprenant *see* **comprendre**
comprend, comprends *see* **comprendre**
comprendra *see* **comprendre**
comprendre (*conj. like* **prendre**) understand; **compris?** is that clear?; **je ne comprends rien à ce que vous dites** I can't make head or tail of what you are saying
comprenez *see* **comprendre**
compris, -e *see* **comprendre**
comprit *past definite 3rd sing. of* **comprendre**, = **a compris**
le **compte** account; reckoning; **ton — est bon** you're done for, your goose is cooked
compte *pres. ind. 3rd sing. of* **compter**
compté, -ée *past part. of* **compter**
compter [kɔ̃te] count; count on, expect to
concertent *pres. ind. 3rd pl. of* **concerter**
concerter plan; **se —** consult, plan together
le (la) **concierge** janitor, caretaker
conciliant, -e conciliating, conciliatory
conclu, -e *past part. of* **conclure**
conclure conclude
la **concurrence** competition
le **concurrent** competitor
la **condition** condition; **à — que** on condition (the understanding) that
le **conditionnel** conditional
le **conducteur** driver
la **conductrice** driver
conduiras *see* **conduire**
conduire drive; take; lead; **ça se conduit tout seul** they drive themselves
Indicatif:
PRÉS. **je conduis, tu**

conduis, il conduit, nous conduisons, vous conduisez, ils conduisent
IMP. je conduisais, etc.
PASSÉ.
INDÉF. j'ai conduit, etc.
FUT. je conduirai, etc.
COND. je conduirais, etc.
Impératif :
conduis, conduisons, conduisez
Participes :
conduisant, conduit
conduit, -e *see* conduire
le conduit passage, conduit, channel
confesser confess
le confessional, -aux confessional
la confiance confidence; faire — à trust
confié, -ée *past part. of* confier
confier entrust
confondant *pres. part. of* confondre
confondre confound; se — en marques de gratitude express one's gratitude profusely
confortable comfortable
le confrère colleague; fellow-businessman
confus, -e confused, embarrassed
conjuguer conjugate
connais *see* connaître

connaissez *see* connaître
connaître know, be (become) acquainted with; se — be acquainted
Indicatif :
PRÉS. je connais, tu connais, il connaît, nous connaissons, vous connaissez, ils connaissent
IMP. je connaissais, etc.
PASSÉ
INDÉF. j'ai connu, etc.
FUT. je connaîtrai, etc.
COND. je connaîtrais, etc.
Impératif :
connais, connaissons, connaissez
Participes :
connaissant, connu
connu, -e *see* connaître
consciencieusement conscientiously
la conséquence consequence; en — accordingly
la conservation; conservation; self-preservation
considérable considerable
console *pres. ind. 3rd sing. of* consoler
consoler console; se — console oneself
la consonne consonant
constamment constantly
consterné, -ée dismayed, aghast
consulte *pres. ind. and subjunctive 3rd sing. of* consulter

consulter consult
consultez *imperative 2nd pl. of* **consulter**
le **contact** contact; switch; **la clef de —** ignition key
contenant *see* **contenir**
contenir (*conj. like* **tenir**) contain; **se —** contain oneself; **il ne se contient plus** he cannot contain himself any longer
content, -e satisfied, pleased, glad
le **contenu** contents
contiennent *see* **contenir**
contient *see* **contenir**
continuant *pres. part. of* **continuer**
continue *pres. ind. 3rd sing. of* **continuer**
continuer (à) continue (to)
continuons *imperative 1st pl. of* **continuer**
contourner go around
contraindre compel
contraint, -e *past part. of* **contraindre**
contraire contrary, opposite; (*noun*) **au —** on the contrary
contre against
contrecœur : à — unwillingly, reluctantly
le **contrôleur** conductor
convaincre convince
convaincu, -e *past part. of* **convaincre**

convenable suitable
convenir (*conj. like* **venir** *but takes auxiliary* **avoir**) suit, be suitable
la **conversation** conversation
converser converse
le **convive** guest (at a meal), table companion
le **convoi** train
convoque *pres. ind. 3rd sing. of* **convoquer**
convoquer summon
la **copie** copy; (written) exercise
la **coque** shell; *see* **œuf**
coquet, -ette fond of being smartly dressed; **ce que tu es coquette !** how fond you are of being smartly dressed!; (*noun*) smart dresser
Corneille, Pierre French dramatist (1606–1684)
cornu, -e horned
le **corps** body
correspond *pres. ind. 3rd sing. of* **correspondre**
correspondre correspond
corrige *pres. ind. 3rd sing. of* **corriger**
corriger correct
corrigez *imperative 2nd pl. of* **corriger**
le **costume** costume; suit
le **côté** side; **à — de** beside; **tout à —** quite near; **de son —** for his part
le **coton** cotton
le **cou** neck
coucher put to bed; **se —**

go to bed
couin quack
la **couleur** colour
coulisser slide; **faire — la porte** slide the door open
le **couloir** corridor; aisle
le **coup** blow, stroke; **d'un seul —** at one go; **tout à —** suddenly, all at once; **à — sûr** without fail; **faire un mauvais —** pull a job; **— d'œil** glance; **— de maître** master stroke; **— de pistolet** pistol shot; **— de fusil** rifle shot; **tué à — de fusil** shot; **à grands —s de pattes et de bec** with sharp blows from its feet and beak
coupable guilty; (*noun*) culprit
coupe *pres. ind. 3rd sing. of* **couper**
coupé, -ée *past part. of* **couper**
couper cut, cut off; interrupt; trim; **nous couperons court** we shall cut it short; **l'inspecteur coupe court** the inspector cuts him short
couperons *fut. 1st pl. of* **couper**
le **courage** courage
le **courant** current; **— d'air** draught; **mettre au — de** acquaint with, inform of
courant *see* **courir**
courez *see* **courir**
courir run
  Indicatif :
  Prés. **je cours, tu cours, il court, nous courons, vous courez, ils courent**
  Imp. **je courais,** etc.
  Passé
  Indéf. **j'ai couru,** etc.
  Fut. **je courrai,** etc.
  Cond. **je courrais,** etc.
  Impératif :
    cours, courons, courez
  Participes :
    courant, couru
le **courrier** mail
le **cours** course; class, lecture; **au — de** in the course of, during
la **course** running; race; **rapide à la —** a fast runner
court *see* **courir**
court, -e short; (*adv.*) short; **couper — (à)** cut short
le **coussinet** small cushion, pad
coûte *pres. ind. 3rd sing. of* **coûter**
le **couteau, -x** knife
coûter cost
coûtera *fut. 3rd sing. of* **coûter**
la **coutume** custom
le **couvercle** cover

couvert, -e *see* **couvrir**
couvrir (de) (*conj. like* **ouvrir**) cover (with)
craindre fear
    Indicatif:
        Prés. **je crains, tu crains, il craint, nous craignons, vous craignez, ils craignent**
        Imp. **je craignais,** etc.
        Passé Indéf. **j'ai craint,** etc.
        Fut. **je craindrai,** etc.
        Cond. **je craindrais,** etc.
    Impératif:
        crains, craignons, craignez
    Participes:
        craignant, craint
crains *see* **craindre**
le **crâne** skull
craquer crack
crédule credulous; **trop —** over-credulous
créer create
creuser hollow (out)
le **cri** cry, shout, call, yell
crie *pres. ind. 3rd sing. of* **crier**
crier cry (out), call (out), shout
critiquent *pres. ind. 3rd pl. of* **critiquer**
critiquer criticize
croira *see* **croire**
croire believe; **vous croyez?** do you think so?
    Indicatif:
        Prés. **je crois, tu crois, il croit, nous croyons, vous croyez, ils croient**
        Imp. **je croyais,** etc.
        Passé Indéf. **j'ai cru,** etc.
        Fut. **je croirai,** etc.
        Cond. **je croirais,** etc.
    Impératif:
        crois, croyons croyez
    Participes:
        croyant, cru
crois *see* **croire**
le **croisement** crossing
la **croix** cross
la **crosse** butt
croyait *see* **croire**
croyant *see* **croire**
croyez *see* **croire**
cruel, -elle cruel
le **Cucugnanais** inhabitant of Cucugnan
cueillir gather, pick
    Indicatif:
        Prés. **je cueille, tu cueilles, il cueille, nous cueillons, vous cueillez, ils cueillent**
        Imp. **je cueillais,** etc.
        Passé Indéf. **j'ai cueilli,** etc.
        Fut. **je cueillerai,** etc.
        Cond. **je cueillerais,** etc.
    Impératif:
        cueille, cueillons, cueillez
    Participes:
        cueillant, cueilli

VOCABULAIRE

la **cuillerée** spoonful
le **cuir** leather
cuire cook; **faire —** cook, boil
   Indicatif :
    PRÉS. **je cuis, tu cuis, il cuit, nous cuisons, vous cuisez, ils cuisent**
    IMP. **je cuisais,** etc.
    PASSÉ INDÉF. **j'ai cuit,** etc.
    FUT. **je cuirai,** etc.
    COND. **je cuirais,** etc.
   Impératif :
    cuis, cuisons, cuisez
   Participes :
    cuisant, cuit
cuisant, -e smarting, burning
la **cuisine** kitchen; cooking
le **cuisinier** cook
culbuté, -ée *past part. of* **culbuter**
culbuter fall head over heels
le **culte** worship; service
le **curé** (parish) priest
curieux, -ieuse curious; odd; **— de** + *inf.* curious to, interested in

D

la **dame** lady
dandine *pres. ind. 3rd sing. of* **dandiner**
dandiner dandle; **se —** waddle (along)
dangereux, -euse dangerous
dans in, into; **(monter) —** **(leur chambre)** to; **— (mon assiette)** on; **(il a pris un œuf) — (le frigidaire)** from; **— (une ferme)** on
dansant, -e dancing
la **danseuse** dancer; ballerina
la **date** date
de of, about, from, by, with, for, than; (*after a superlative*) in; (*before inf.*) to; (*as a sign of the partitive, without prepositional meaning*) some, any, *expressed or understood*; (*untranslated in*) **— toute la nuit suivante** all the next night; **— cinq minutes en cinq minutes** every five minutes; **— (l'autre côté)** on; **d'(un ton péremptoire)** in
débarrasser rid; **se —** get rid
débat *see* **débattre**
débattre (*conj. like* **battre**) debate; **se —** struggle
débordé, -ée swamped
débourser disburse, lay out
debout (*adv.*) standing
le **débrayage** clutch (pedal)
les **débris** *m.* remains, wreckage
décevez *see* **décevoir**

décevoir (*conj. like* **recevoir**) disappoint
déchiffrer decipher, make out
déchirant, -e piercing; **le bruit —** screech
déchire *pres. ind. 3rd sing. of* **déchirer**
déchirer tear up; tear out
décidé, -ée *past part. of* **décider**
décider (de) decide (to)
la **décision** decision
déclare *pres. ind. 3rd sing. of* **déclarer**
déclaré, -ée *past part. of* **déclarer**
déclarer declare; report
décorer (de) decorate (with); **il se voit —** he is decorated
décourageant, -e discouraging
décrire (*conj. like* **écrire**) describe; **après avoir décrit** after describing
décrit, -e *see* **décrire**
décrivant *see* **décrire**
dédaigner disdain, scorn
dédaignez *imperative 2nd pl. of* **dédaigner**
le **défaut** fault
le **défilé** procession
défini, -e definite
définir define
définissez *imperative 2nd pl. of* **définir**
défoncé, -ée battered, bashed in
les **dégâts** *m.* damage

dégoûté, -ée *past part. of* **dégoûter**
dégoûter disgust
dégustant *pres. part. of* **déguster**
déguster taste, sample; sip
dehors out(side)
déjà already; **(avez-vous) — (chassé le pilou ?)** ever
déjeuner have lunch
délibérément deliberately
délicieux, -ieuse delicious, delightful
le **délit** misdemeanour, offence; **prendre en flagrant —** catch red-handed
délivrer deliver
délivrez *imperative 2nd pl. of* **délivrer**
demain tomorrow; *see* **matin**
demanda *past definite 3rd sing. of* **demander,** = **a demandé**
demande *pres. ind. 3rd sing. of* **demander**
demandé, -ée *past part. of* **demander**
demander (de) ask (to), ask for; **se —** wonder, ask oneself; **— à +** *inf.* ask (permission) to
la **démangeaison** itching
la **démarche** gait, step, walk, bearing
démarre *pres. ind. 3rd sing. of* **démarrer**
démarrer start, drive off,

drive away
la **demeure** notice, summons; **se mettre en — de** + *inf.* set about
demi, -e half; **à demi** half
une **demi-heure** half an hour
le **démon** demon, devil
démonter take down
le **dentiste** dentist
le **départ** departure
dépecer cut up
dépêchez *imperative 2nd pl. of* **dépêcher**
dépêcher dispatch; **se —** hurry; **dépêchez-vous de la trouver** hurry up and find it
déplacé, -ée *past part. of* **déplacer;** (*adj.*) out of place
le **déplacement** travelling; **en —** travelling, on a trip
déplacent *pres. ind. 3rd pl. of* **déplacer**
déplacer displace, shift; **se —** move about
dépose *pres. ind. 3rd sing. of* **déposer**
déposer set down; drop off; lodge
déposez *imperative 2nd pl. of* **déposer**
depuis since, for; **je n'ai mon permis que — quelques jours** I have had my licence for only a few days; **— deux heures j'attends** for two hours I have been waiting; **la police le re-**cherche **— deux ans** the police have been searching for him for two years
dernier, -ière last, latest; **ce —** the latter; **le —, la —** the last (one)
dérobé, -ée *past part. of* **dérober**
dérober (à) steal (from); (**il déclare) vous avoir dérobé (un de vos bracelets)** that he stole from you
déroule *pres. ind. 3rd sing. of* **dérouler**
dérouler unroll; **se —** develop, be enacted, take place
derrière behind; **par —** from behind; (*noun*) *m.* rump
des = de + les (*art.*)
dès since, as early as, no later than; **— que** as soon as; **— le lendemain** the very next day; **— lors** from that time onwards; **— demain** no later than tomorrow; **— l'aube** at the crack of dawn; **— ce soir** this very evening
descend, descendent *pres. ind. 3rd sing. and pl. of* **descendre**
descendez *imperative 2nd pl. of* **descendre**
descendre [dɛsɑ̃:dr *or* de-]

descend, go (come, get) down (out)
descendu, -e *past part. of* **descendre**
la **description** description
désert, -e deserted
désespéré, -ée desperate
désespérément desperately
désespérer despair
le **désespoir** despair; **en — de cause** in desperation, as a last resort
désignant *pres. part. of* **désigner**
désigne *pres. ind. 3rd sing. of* **désigner**
désigner designate, point out; **— du doigt** point at (out)
la **désinvolture** offhandedness; **avec —** casually
désolé, -ée very sorry
désormais henceforth, from now on
le **dessert** [desɛɪr] dessert
la **destination** destination
deux two; **tous —** both
deuxième second
dévalisé, -ée *past part. of* **dévaliser**
dévaliser rifle
devant before (*of place*), in front of; in the presence of; **passer — une vitrine** pass by a (shop)window; **droit — vous** straight ahead
devenir (*conj. like* **venir**) become
devenu, -e *see* **devenir**
devez *see* **devoir**
devient *see* **devenir**
devine *pres. ind. 3rd sing. of* **deviner**
deviné, -ée *past part. of* **deviner**
deviner guess; **je crois — le mot** I believe I can make out the word
devinez *imperative 2nd pl. of* **deviner**
devoir owe; **tu ne nous dois plus rien** you owe us nothing more; **il doit reprendre le train** he is to take the train again; **il doit être mis aux enchères** it is to be put up for auction; **ils doivent faire un petit séjour** they must be making a little stay; **ils doivent être en paradis** they must be in paradise; **à quelle heure doit rentrer le père ?** at what time is father due back?; **que dois-je faire ?** what must I do?; **il doit partager sa table** he has to share his table; **le seau doit être plein** the pail must be full; **ces piétons doivent vous être reconnaissants** those pedestrians must be grateful to you; **ce qui devait arriver** what was (destined) to happen;

qui **devait savoir** who must have known; **nous avons dû le perdre** we must have lost it; **j'ai dû faire (ce mille en deux minutes)** I must have done; **vous avez dû (vous battre)** you had to; **ils devraient vous remercier** they ought to thank you; **ce feu devrait suffire** this fire ought to suffice; **il aurait dû retrancher les deux francs** he should have subtracted the two francs; **il aurait dû dire** he should have said

Indicatif :
PRÉS. **je dois, tu dois, il doit, nous devons, vous devez, ils doivent**
IMP. **je devais**, etc.
PASSÉ
INDÉF. **j'ai dû**, etc.
FUT. **je devrai**, etc.
COND. **je devrais**, etc.
Impératif (manque)
Participes :
devant, dû

le **devoir** duty; (written) assignment
devons *see* **devoir**
dévoré, -ée *past part. of* **dévorer**; — **d'inquiétude** consumed with anxiety
dévorer devour
devraient *see* **devoir**
le **diable** devil; **que** —... ? what the deuce ... ?
diabolique diabolical
le **diamant** diamond
Dieu, -x *m.* God; **le bon** — God; **mon** —, **mon** — (!) dear, dear(!); **mon** — (!) dear me(!)
différent, -e different
difficile difficult
la **difficulté** difficulty
digne worthy; dignified
le **dimanche** Sunday; **le** — on Sunday
diminue *pres. ind. 3rd sing. of* **diminuer**
diminuer diminish
la **dinde** turkey
le **dîner** dinner
dîner dine, have dinner
dira, diras *see* **dire**
dirai, dirait *see* **dire**
dire say, tell; — **à quelqu'un de faire quelque chose** tell someone to do something; **ce disant** so saying, with these words; **(l'espèce) dite (« gomme à claquer »)** called; **à l'heure dite** at the appointed hour; **dis (dites) vite** tell me quickly; **dites que c'est incroyable** it seems incredible; **tu diras que ta voiture a été volée** (you will) say that your car has been stolen; **tu leur diras que je me**

suis trompé (you will) tell them that I made a mistake; **on dirait ma voiture** it looks like my car; **se —** say to oneself; *see* **oreille**
  Indicatif :
  Prés. **je dis, tu dis, il dit, nous disons, vous dites, ils disent**
  Imp. **je disais,** etc.
  Passé
  Indéf. **j'ai dit,** etc.
  Fut. **je dirai,** etc.
  Cond. **je dirais,** etc.
  Impératif :
  dis, disons, dites
  Participes :
  disant, dit
le **directeur** director, head; **monsieur le —** sir
la **direction** direction; management; **en — de** in the direction of
dirent *past definite 3rd pl. of* **dire,** = **ont dit**
direz *see* **dire**
dirige, dirigent *pres. ind. 3rd sing. and pl. of* **diriger**
diriger direct; **se — vers** make one's way towards, make for
dis *see* **dire**
disant *see* **dire**
le **discours** speech
la **discrétion** discretion
discuté, -ée *past part. of* **discuter**
discutent *pres. ind. 3rd pl. of* **discuter**
discuter (de) discuss, argue; **assez discuté** don't argue
dise *pres. subjunctive 1st sing. of* **dire**
disent *see* **dire**
disparaît *see* **disparaître**
disparaître (*conj. like* **paraître**) disappear, vanish; **disparu, -e** missing; dead, extinct
disparu, -e *see* **disparaître**
dispose *pres. ind. 3rd sing. of* **disposer**
disposer dispose, arrange, set
la **dispute** dispute
dissipé, -ée inattentive
la **distance** distance
distinguer distinguish, make out
distrait, -e absent-minded; **à —, — et demi** for every absent-minded person there is one who is more so
la **distribution** distribution; **— des prix** prize-giving
dit; dit, -e; dites *see* **dire**
le **divan** couch
divers, -es (*pl.*) different, various
divin, -e divine
diviser divide
divisez *imperative 2nd pl. of* **diviser**
dix ten

le **docteur** doctor
le **doigt** [dwa] finger; *see* **désigner; montrer**
dois, doit *see* **devoir**
doivent *see* **devoir**
le **dollar** dollar
le **dommage** damage; **quel —!** what a pity!
le **dompteur** [dɔ̃tœːr] tamer
donc therefore, so, then, consequently; (*with imperative*) just, do; **dis (dites) —** (!) look here(!)
donnant *pres. part. of* **donner**
donne *pres. ind. 1st and 3rd sing. and imperative 2nd sing. of* **donner**
donné, -ée *past part. of* **donner**
donner give
donnez *imperative 2nd pl. of* **donner**
donnons *imperative 1st pl. of* **donner**
dont of whom, of which; whose; **le sujet — tout le monde parle** the subject everybody is talking about
doré, -ée golden, gilt, gilded
dorment *see* **dormir**
dormir sleep
  Indicatif :
  Prés. **je dors, tu dors, il dort, nous dormons, vous dormez, ils dorment**
  Imp. **je dormais,** etc.
  Passé Indéf. **j'ai dormi,** etc.
  Fut. **je dormirai,** etc.
  Cond. **je dormirais,** etc.
  Impératif :
  dors, dormons, dormez
  Participes :
  dormant, dormi
dort *see* **dormir**
le **dos** back
la **dose** dose
doucement gently, slowly; softly; **—** (!) (take it) easy(!)
doué, -ée gifted, talented
la **douleur** pain
doutait *imp. ind. 3rd sing. of* **douter**
le **doute** doubt; **sans —** no doubt, probably
douter doubt; **si vous en doutez** if you doubt it; **se — de** suspect, surmise
doutez *pres. ind. 2nd pl. of* **douter**
doux, douce sweet; soft; gentle
la **douzaine** dozen; **une — de (clubs)** a dozen
douze twelve
dresse *pres. ind. 3rd sing. of* **dresser**
dresser erect, raise; train; **se —** stand up, rise
droit, -e right; (*adv.*)

straight; **tout —** straight; **— devant vous** straight ahead
le **droit** law; right
droitier, -ière right-handed; **le —** right-handed one
drôle funny, droll; **quel — de moteur !** what a queer motor!
du = de + le (*art.*)
dû, due *see* **devoir**
le **duc** duke
la **duchesse** duchess
dur, -e hard; **— d'oreille** hard of hearing
dure *pres. ind. 3rd sing. of* **durer**
durer last

E

une **eau, -x** water
ébahi, -e *past part. of* **ébahir**
ébahir amaze, astound, flabbergast
éberlué, -ée *past part. of* **éberluer**
éberluer astound
éblouissant, -e dazzling
ébranle *pres. ind. 3rd sing. of* **ébranler**
ébranler set in motion; **s'—** start
ébroue : s'— *pres. ind. 3rd sing. of* **s'ébrouer**
ébrouer : s'— flutter about; shake oneself

un **échange** exchange, return; **en — de** in return for
échangent *pres. ind. 3rd pl. of* **échanger**
échanger exchange
échappe *pres. ind. 3rd sing. of* **échapper**
échappé *past part. of* **échapper**
échapper (à) escape (from); **laisser —** let out, blurt out
échappera *fut. ind. 3rd sing. of* **échapper**
une **écharpe** scarf; sling
échevelé, -ée dishevelled
échoué *past part. of* **échouer**
échouer fail
un **éclair** flash (of lightning)
un **éclat** splinter; burst; glitter, lustre; **rire aux —s** laugh heartily, roar with laughter; *see* **partir; voler**
éclate, éclatent *pres. ind. 3rd sing. and pl. of* **éclater**
éclater split, burst; explode; **— de rire** burst out laughing; *see* **nez**
une **école** school
un **écoulement** passing
écouler dispose of; **s'—** flow (out), run (out); elapse, pass
écoutant *pres. part. of* **écouter**

écoute *pres. ind. 3rd sing. and imperative 2nd sing. of* **écouter**
écouter listen (to); pay attention (to); **n'écoutant que sa bonté naturelle** following only the dictates of his natural kindness
un **écouteur** earphone
écoutez *imperative 2nd pl. of* **écouter**
écraser crush; s'— crash
écria : s'— *past definite 3rd sing. of* s'**écrier**, = s'est écrié(e)
écriait : s'— *imp. ind. 3rd. sing. of* s'**écrier**
écrie : s'— *pres. ind. 3rd sing. of* s'**écrier**
écrier : s'— cry (out); exclaim
un **écrin** (jewel-)case
écrire write
  Indicatif :
  Prés. **j'écris**, tu écris, il écrit, nous écrivons, vous écrivez, ils écrivent
  Imp. **j'écrivais**, etc.
  Passé
  Indéf. **j'ai écrit**, etc.
  Fut. **j'écrirai**, etc.
  Cond. **j'écrirais**, etc.
    Impératif :
    écris, écrivons, écrivez
    Participes :
    écrivant, écrit
écrit, -e *see* **écrire**

une **écriture** (hand)writing
écrivaient *see* **écrire**
écrivent *see* **écrire**
effaré, -ée *past part. of* **effarer**
effarer frighten, scare
effectue *pres. ind. 3rd sing. of* **effectuer**
effectuer effect, accomplish, execute
un **effet** effect; **en —** indeed, sure enough
une **effigie** effigy
un **effort** [efɔːr] effort
effrayé, -ée *past part. of* **effrayer**
effrayer frighten
un **effroi** fright, terror
égal, -e; -aux, -ales equal; even; *see* **arme**
un **égard** consideration, respect; **à cet —** in this respect
une **église** church; **à l'—** to church
eh well(!)
Eiffel [efɛl] : **la tour —** Eiffel Tower
élance : s'— *pres. ind. 3rd sing. of* s'**élancer**
élancer : s'— rush; s'— **à la poursuite de** set off in pursuit of, chase after
élastique elastic
élégamment elegantly
élégant, -e elegant, well dressed
un(e) **élève** pupil, student
élève *pres. ind. 3rd sing.*

of **élever**
élevé, -ée *past part. of* **élever**
élever raise; **s'—** rise; **bien élevé, -ée** well brought up, well mannered
elle, -s she, her, herself, it; they, them; **la duchesse, elle, dort** the *duchess* is asleep
éloigne *pres. ind. 3rd sing. of* **éloigner**
éloigner remove, keep away; **s'—** retire, withdraw
éloignons *imperative 1st pl. of* **éloigner**
une **éloquence** eloquence
embarqué, -ée *past part. of* **embarquer**
embarquer embark; ship
embarrassé, -ée embarrassed
embrasse *pres. ind. 3rd sing. of* **embrasser**
embrasser kiss
une **embrasure** doorway
émerge *pres. ind. 3rd sing. of* **émerger**
émerger emerge
émerveillé, -ée *past part. of* **émerveiller**
émerveiller amaze
emmène *pres. ind. 1st sing. of* **emmener**
emmener [ãmne] take (away)
émouvant, -e moving, touching

empaillé, -ée *past part. of* **empailler**
empailler stuff
empare : s'— *pres. ind. 3rd sing. of* **s'emparer**
emparer : s'— de take hold of, seize
empêcher prevent
employé, -ée *past part. of* **employer**; (*noun*) employee
employer use
employez *imperative 2nd pl. of* **employer**
empoché, -ée *past part. of* **empocher**
empocher pocket
emportant *pres. part. of* **emporter**
emporté, -ée *past part. of* **emporter**
emporter carry (take) away (off); **s'—** lose one's temper
emporterai *fut. ind. 1st sing. of* **emporter**
emportez *imperative 2nd pl. of* **emporter**
empresse : s'— *pres. ind. 3rd sing. of* **s'empresser**
empresser : s'— hurry; **s'— de** + *inf.* hasten to
emprisonne *pres. ind. 3rd sing. of* **emprisonner**
emprisonner imprison
en (*prep.*) in, into, to; (*with gerund*) in, on, by, when, while; **de porte**

— **porte** from door to door; **de rocher — rocher** from rock to rock; **partir — Patagonie** leave for Patagonia

en (*pron. and adv.*) of it (them), with it (them), from it (them); — **être sûr** be sure; **(je vous) — (offre mille francs)** for it; **la surface — est gelée** its surface is frozen; **vous — aurez pour...** it will cost you . . . ; **ce que j'— fais** what I do with it; **(il) — (tire quelque chose)** out of it; **(je vous) — (remercie)** for it; **— (donner une description)** of him; **— dire autant** say the same

enchanté, -ée delighted

une **enchère** bid; **la vente aux —s** auction sale; **mettre aux —s** put up for auction

encombrant, -e cumbersome; **ces visiteurs —s** these visitors who are in the way

encore still, yet; again; **— deux francs** two francs more; **non seulement... mais —** not only . . . but also

encouragé, -ée *past part. of* **encourager**

encourager encourage

endorment *see* **endormir**

endormir (*conj. like* **dormir**) put to sleep; **s'—** go to sleep

un **endroit** place

énergique energetic; forceful

énergiquement energetically

une **enfance** childhood

un(e) **enfant** child

enfile *pres. ind. 3rd sing. of* **enfiler**

enfiler thread

enfin finally; in short; anyway; **mais —** (!) come now (!)

enflammé, -ée burning

enfoncé, -ée settled down

enfui, -e *see* **enfuir**

enfuir (*conj. like* **fuir**) : **s'—** flee, run away, escape

engage *pres. ind. 1st sing. of* **engager**

engager engage; **s'—** enlist; **s'— à + inf.** promise, agree to

engagez *pres. ind. 2nd pl. of* **engager**

un **ennemi** enemy

un **ennui** [ɑ̃nɥi] worry; (*pl.*) trouble; **l'—, c'est que...** the trouble is that . . .

énorme enormous, huge

enroué, -ée hoarse, husky

enrubanné, -ée beribboned, tied with ribbon

ensemble (*adv.*) together

ensuite then, after(wards)
entend *pres. ind. 3rd sing. of* **entendre**
entendant *pres. part. of* **entendre**
entendez *pres. ind. 2nd pl. of* **entendre**
entendre hear; — **parler de** hear of; **bien entendu** of course; **se faire —** be heard
entends *pres. ind. 1st sing. of* **entendre**
entendu, -e *past part. of* **entendre**
un **en-tête** heading
un **enthousiasme** enthusiasm
enthousiaste enthusiastic
entier, -ière entire, whole
entièrement entirely
entoure *pres. ind. 3rd sing. of* **entourer**
entouré, -ée *past part. of* **entourer**
entourer (de) surround (by)
un **entracte** intermission
un **entrain** liveliness, briskness; **avec —** with gusto
entrait *imp. ind. 3rd sing. of* **entrer**
entre between, among; **l'un d'— eux** one of them
entre *pres. ind. 1st and 3rd sing. of* **entrer**
entré, -ée *past part. of* **entrer**
une **entrée** entrance
une **entreprise** undertaking; business, concern
entreprend *see* **entreprendre**
entreprendre (*conj. like* **prendre**) undertake
entrer (dans) enter, go (come) in(to)
entreras *fut. ind. 2nd sing. of* **entrer**
entres *pres. ind. 2nd sing. of* **entrer**
entre-temps meanwhile, in the meantime
entretenir (*conj. like* **tenir**) maintain; **— la conversation** keep the conversation alive
entrez *imperative 2nd pl. of* **entrer**
entrons *imperative 1st pl. of* **entrer**
entrouvre *see* **entrouvrir**
entrouvrir (*conj. like* **ouvrir**) open part way; **s'—** open part way
envahi, -e *past part. of* **envahir**
envahir invade
une **enveloppe** envelope
une **envie** desire; **avoir — de** want
environnant, -e surrounding
les **environs** *m.* neighbourhood, vicinity
envoie *see* **envoyer**
envoyé, -ée *see* **envoyer**
envoyer send
Indicatif :
Prés. **j'envoie, tu envoies, il envoie,**

nous envoyons, vous envoyez, ils envoient
IMP. j'envoyais, etc.
PASSÉ INDÉF. j'ai envoyé, etc.
FUT. j'enverrai, etc.
COND. j'enverrais, etc.
Impératif :
envoie, envoyons, envoyez
Participes :
envoyant, envoyé
envoyez *see* envoyer
épanoui, -e beaming
une épaule shoulder
épouser marry
épouvantable dreadful
épouvanté, -ée *past part. of* épouvanter
épouvanter terrify, scare
une épreuve test, trial; à toute — foolproof
épuisé, -ée *past part. of* épuiser
épuiser exhaust
un équilibre equilibrium, balance
une erreur error, mistake
es *see* être
une espèce species; kind, sort; — d'imbécile you crazy fool
un esprit spirit; mind; par — de revanche in order to get even
esquisse *pres. ind. 3rd sing. of* esquisser
esquisser sketch, outline; — un sourire put on the ghost of a smile
esquivant *pres. part. of* esquiver
esquiver avoid, evade; s'— slip away
essaie *pres. ind. and subjunctive 1st and 3rd sing. of* essayer
essayé, -ée *past part. of* essayer
essayer try, try on; — de try to
essayons *imperative 1st pl. of* essayer
une essence gasoline
essentiel, -ielle essential; (*noun*) l'— *m.* the main point
est *see* être; *see* n'est-ce pas ?
une estrade platform
et (-t *never pron.*) and; et toi (vous) ? what about you?
établi, -e *past part. of* établir
établir establish; make out; s'— establish oneself; settle (down); un long silence s'établit a long silence sets in
un établissement establishment, institution
établissez *pres. ind. 2nd pl. of* établir
établit *pres. ind. 3rd sing. of* établir
étais, était, étaient *see* être
un étang pond
étant *see* être
un état state, condition

les **Etats-Unis** *m.* the United States (of America); **aux —** to the United States
été *see* **être**
un **été** summer; **en —** in summer
étendre extend, spread out
étends *imperative 2nd sing. of* **étendre**
éternue *pres. ind. and subjunctive 1st and 3rd sing. of* **éternuer**
éternué *past part. of* **éternuer**
un **éternuement** sneeze
éternuer sneeze
éternueriez *cond. 2nd pl. of* **éternuer**
êtes *see* **être**
étiez *see* **être**
étions *see* **être**
une **étiquette** label, sticker
une **étoile** star
étonner astonish, surprise; **s'—** be astonished, surprised
étonne *pres. ind. 3rd sing. of* **étonner**
étouffe *pres. ind. 3rd sing. of* **étouffer**
étouffer suffocate, stifle
un **étranger** stranger
être be; (*as auxiliary verb*) have; **ils sont six** there are six of them; **ils sont deux cents** there are two hundred of them

Indicatif :
PRÉS. **je suis, tu es, il est, nous sommes, vous êtes, ils sont**
IMP. **j'étais,** etc.
PASSÉ INDÉF. **j'ai été,** etc.
FUT. **je serai,** etc.
COND. **je serais,** etc.
Impératif :
sois, soyons, soyez
Participes :
étant, été
une **étude** study
un **étudiant** student
eu, -e [y] *see* **avoir**
euh [ø] uh
un **événement** [evɛnmɑ̃]
évitent *pres. ind. 3rd pl. of* **éviter**
éviter avoid; **— de** + *inf.* avoid
une **évolution** evolution
exact, -e exact; right, correct
examine *pres. ind. 3rd sing. of* **examiner**
examiner [ɛgzamine] examine
exaspéré, -ée exasperated
une **excellence** excellence; **le prix d'—** class prize
excellent, -e excellent
une **exception** exception
exceptionnel, -elle exceptional
une **exclamation** exclamation
exclame : s'— *pres. ind. 3rd sing. of* **s'exclamer**
exclamer : s'— exclaim

excuse *imperative 2nd sing. of* **excuser**
une **excuse** excuse; **la lettre d'—s** note
excuser excuse
exécute *pres. ind. 3rd sing. of* **exécuter**
exécuter execute, perform, carry out
un **exemple** example; **par —** for example; **par — (!)** you don't say(!)
exempt, -e (de) exempt, free (from)
un **exercice** exercise
existe *pres. ind. 3rd sing. of* **exister**
exister exist
expédie *pres. ind. 3rd sing. of* **expédier**
expédier send, ship
un **expert** expert; **être passé —** be a past master
explique *pres. ind. 3rd sing. of* **expliquer**
expliquer explain; **je vais vous —** I'll tell you what to do; **s'—** have it out
expliquerons *fut. ind. 1st pl. of* **expliquer**
une **explosion** explosion; **(un fume-cigarette) à —** explosive
exposé, -ée *past part. of* **exposer**
exposer expose; display; **exposé, -e** on display
une **expression** expression
exprimant *pres. part. of* **exprimer**
exprime *pres. ind. 3rd sing. of* **exprimer**
exprimer express; **s'—** express oneself
exprimez *imperative 2nd pl. of* **exprimer**
extraire extract
extrait, -e *past part. of* **extraire**
extraordinaire extraordinary; **par —** by any chance
extraordinairement extraordinarily
extravagant, -e extravagant, absurd
une **extrémité** extremity, end

F

la **fable** fable; story, tale
le **fabliau, -aux** fabliau, short tale in verse
la **face** face; **en — de** facing, opposite; **faire — à** face
facilement easily
le **facteur** postman, mailman
la **facture** bill
la **faculté** faculty
faible feeble, weak, faint
la **faim** hunger; **donner — (à)** make hungry
faire make, do, have; say; *(weather)* **il fait beau** it is fine weather; **— vite** hurry (up); **que**

— ? what am I to do?, what was she to do?, what is to be done?; **ça fera douze francs** that will be twelve francs; **comment faites-vous pour réussir ?** how do you manage to succeed?; **comment as-tu fait ?** how did you do it?; **rien n'y fait** it is all in vain; **comment se fait-il que... ?** how is it that . . . ?; **à qui vous avez à —** whom you are dealing with; **— pousser notre voiture** have our car pushed; **— percer un trou** have a hole made; **sans se le — dire deux fois** without having to be told twice; **faites-nous monter nos bagages par le chasseur** have the bellboy bring our baggage up for us; **faites rire les enfants** make the children laugh; **faites-le dépecer** have it (him) cut up; **faites préparer la peau** have the hide prepared; **qui a fait prendre le voleur ?** who had the thief caught?; **(son mari) lui a fait réserver (les places les plus chères)** has had reserved for her; *see* **rêve**

Indicatif :
PRÉS. **je fais, tu fais, il fait, nous faisons** [fəzɔ̃], **vous faites, ils font**
IMP. **je faisais** [fəzɛ], etc.
PASSÉ
INDÉF. **j'ai fait,** etc.
FUT. **je ferai,** etc.
COND. **je ferais,** etc.
Impératif :
fais, faisons [fəzɔ̃], **faites**
Participes :
faisant [fəzɑ̃], **fait**

fais *see* **faire**
faisant [fəzɑ̃] *see* **faire**
faisons [fəzɔ̃] *see* **faire**
le **fait** fact; **au —** speaking of that; **du — de** owing to
fait, faites *see* **faire**
falloir be necessary; **il ne faut pas** you must not; **il faut que je te dise** I must tell you; **que faut-il faire ?** what must we do?; **il me faut jouir de toutes mes facultés** I must be in possession of all my faculties; **il me faut absolument (cette tête de poisson)** I simply must have; **il nous faudrait** we would need; **il faut que je m'en aille** I have to

leave; **ce qu'il vous faut** what you need; **il me faut envoyer** I have to send; **il fallait le tuer** you should have shot it; **il faut vous en débarrasser** you must get rid of them
Indicatif :
Prés. **il faut**
Imp. **il fallait**
Passé
Indéf. **il a fallu**
Fut. **il faudra**
Cond. **il faudrait**
Impératif (manque)
Participes :
—, fallu
fameux, -euse famous
la **famille** family
le **fantôme** phantom, ghost
fasse *pres. subjunctive 3rd sing. of* **faire**
fatigué, -ée tired
faudrait *see* **falloir**
faut *see* **falloir**
la **faute** fault; mistake
le **fauteuil, -s** (easy) chair, armchair
le **fauve** wild animal
faux, fausse false
le **faux** forgery
fébrilement feverishly
feindre feign, pretend
la **félicitation** congratulation; **toutes mes —s** my heartiest congratulations
félicite *pres. ind. 3rd sing. of* **féliciter**

féliciter (de) congratulate, compliment (on)
la **femme** [fam] woman; wife
la **fenêtre** window
le **fer** iron; **le chemin de —** railway
fera, ferai *see* **faire**
ferez *see* **faire**
fermant *pres. part of* **fermer**
ferme *pres. ind. 3rd sing. of* **fermer**
la **ferme** farm
fermer close, shut; close down; **ne pas — l'œil** not to sleep a wink
la **fermeture** closing
fermons *imperative 1st pl. of* **fermer**
la **férocité** ferocity, ferociousness
la **ferraille** old iron, scrap-iron; (*pl.*) pieces of old iron
la **fête** feast, festival
fêter celebrate
fétide fetid, foul
le **feu, -x** fire; light; **— d'artifice** fireworks; **— d'un diamant** sparkle (lights) of a diamond; **— de joie** bonfire
la **feuille** sheet
feux : (che) **—** (bien) = **veux**
fiancé, -ée engaged, betrothed; (*noun*) fiancé(e), intended; (*pl.*) engaged couple

ficelé, -ée *past part. of* **ficeler**
ficeler tie up
ficellent *pres. ind. 3rd pl. of* **ficeler**
la **fiche** registration form
ficher give; — **le camp** clear out
fichez *imperative 2nd pl. of* **ficher**
fidèle faithful
fier, -ère [fjɛːr] proud; — **comme Artaban** as proud as Lucifer
fièrement proudly
figure *pres. ind. 3rd sing. of* **figurer**
figurer figure, appear; **se** — imagine
le **fil** thread, line; *see* **retordre**
le **filet** fillet; net; **au** — with a net
la **fille** daughter; girl; **jeune** — girl
le **fils** [fis] son
la **fin** end
fin, -e fine; sharp, shrewd
fini, -e *past part. of* **finir**
finir finish; — **de l'examiner** finish examining it; — **par arriver** finally arrive; **nous en aurons fini** we shall be done with it; **c'est fini** it's all over
finissons *imperative 1st pl. of* **finir**
finit *pres. ind. 3rd sing. of* **finir**

fixe *pres. ind. 3rd sing. of* **fixer**
fixement fixedly; **regarder** — stare (at)
fixé, -ée *past part. of* **fixer**
fixer fix; fasten; stare at; **se** — settle; **se** — **pour principe** make it a rule
flagrant, -e flagrant; *see* **délit**
la **flamme** flame
le **flanc** flank, side; **à** — **de colline** on the side of a hill
la **fleur** flower
le **fluide** fluid
la **foi** faith; **ma** — upon my word; **c'est ma** — **vrai** so it is, you are quite right
foilà = **voilà**
la **fois** time; **une** — once; **deux** — twice; **à la** — at one and the same time; **une nouvelle** — once again; **chaque** — **que** whenever; **c'est la première** — **qu'elle vient** this is the first time she has come
la **folie** madness
folle *see* **fou**
foncer (sur) rush, charge (at)
le **fonctionnaire** official
le **fond** bottom; back, furthermost part; **au** — **de** in the heart of
font *see* **faire**

le **football** football
la **force** force; strength; (*pl.*) strength; **de —** forcibly; **avec —** hard
forcé, -ée *past part. of* **forcer**
forcer force
forestier, -ière pertaining to a forest; **la maison forestière** forester's lodge; *see* **garde**
la **forme** form; **en pleine —** at the top of one's form
forment *pres. ind. 3rd pl. of* **former**
former form; **se — form; se — en procession** form up
formidable formidable; terrific
fort, -e strong; loud; **— (en arithmétique)** good; **les —s (en arithmétique)** those who are good; (*adv.*) very; hard, loudly
fortement strongly
la **fortune** fortune; **faire —** make a fortune
fou, fol, folle; fous, folles insane, mad
fou : che fou barlé = je veux parler
la **foudre** thunderbolt, lightning
fouillaient *imp. ind. 3rd pl. of* **fouiller**
fouiller search
fouillez *imperative 2nd pl. of* **fouiller**
Fouilly-les-Oies *m. name of imaginary town, equivalent to* Sticksville
la **foule** crowd; **en —** in great numbers, in crowds
le **four** oven
la **fourche** pitchfork
la **fourchette** fork
le **fourgon** baggage car
fourni, -e *past part. of* **fournir**
fournir (de) supply (with)
fournissez *imperative 2nd pl. of* **fournir**
la **fourrure** fur
fous = vous
le **fracas** din, (sound of a) crash
frais, fraîche fresh, cool; (*noun*) **le frais** coolness; **mettre au —** to put in a cool place
les **frais** *m.* expenses; **— de voyage** travelling expenses
le **franc** franc (*worth about 22 cents*)
français, -e French; (*noun*) **le Français** Frenchman; (*pl.*) French
la **France** France
franchir clear; cross; **— la porte** pass through the door; **qu'il s'agit de faire — à la balle** across which it is a question of driving the ball

franco-allemand, -e Franco-German
frappe *pres. ind. 1st and 3rd sing. of* **frapper**
frappent *pres. ind. 3rd pl. of* **frapper**
frapper strike, knock; beat; **— du pied** stamp
frappez *imperative 2nd pl. of* **frapper**
la **frayeur** fright; dread
le **frein** brake
freine *pres. ind. 3rd sing. of* **freiner**
freiner brake, put on the brakes
la **fréquence** frequency
le **frère** brother
le **frigidaire** refrigerator
froid, -e cold; **faire —** be cold (*of weather*); **il fait un — terrible** it is terribly cold
frottant *pres. part. of* **frotter**
frotte *pres. ind. 3rd sing. of* **frotter**
frotter rub; **se — les yeux** rub one's eyes
la **frontière** frontier, border
fructueux, -euse fruitful, profitable
le **fruit** (piece of) fruit; (*pl.*) fruit
le **fugitif** fugitive
fuir flee, run away
    Indicatif :
    Prés. **je fuis, tu fuis, il fuit, nous fuyons, vous fuyez, ils fuient**
    Imp. **je fuyais,** etc.
    Passé
    Indéf. **j'ai fui,** etc.
    Fut. **je fuirai,** etc.
    Cond. **je fuirais,** etc.
    Impératif :
    fuis, fuyons, fuyez
    Participes :
    fuyant, fui
fumant *pres. part. of* **fumer**
le **fume-cigarette** (*invariable in pl.*) cigarette-holder; *see* **explosion, musique**
la **fumée** smoke
fumer smoke; steam
le **fumet** (pleasant) smell (of food cooking)
le **fumeur** smoker
furibond, -e furious; **elle lui jette un regard —** she glares at her
furieusement furiously
furieux, -ieuse furious, infuriated
la **fusée** rocket
le **fusil** [fyzi] rifle
fut *past definite 3rd sing. of* **être,** = **a été**
le **futur** future

G

gagner win; **l'hôtesse sent l'effroi la —** the hostess feels terror come over her
le **gala** festivity, fête, gala; *see* **soirée**

galant, -e gay, elegant
le **gant** glove
le **garage** garage
le **garçon** boy
le **garde** keeper; **— forestier** forester, forest ranger
la **garde** guard
garde *pres. ind. 3rd sing. of* **garder**
garder keep
le **gardien** keeper
la **gare** (railway) station; **entrer en —** pull in(to the station); **le chef de —** stationmaster
garé, -ée *past part. of* **garer**
garer park
garni, -e *past part. of* **garnir**
garnir (de) furnish, provide, fill (with)
la **garnison** garrison
gasse = casse
gauche left
gaucher, -ère left-handed; **le —** left-handed one
gelé, -ée frozen
le **gémissement** groan, moan
généreux, -euse generous
le **gendarme** gendarme
le **général, -aux** general
la **générale** (= **répétition générale**) dress rehearsal
générique generic (*one of the uses of the noun or article illustrated by* **les hommes sont mortels**)
la **générosité** generosity

génial, -e; -aux, -ales brilliant; **une idée —e** a brainwave
le **génie** genius
le **genre** kind
les **gens** *m.* (*but an attributive adj. immediately preceding usually has the f. form*) people
gentil, -ille nice, kind; **assez — pour...** so kind as to . . .
gentiment nicely
Georges *m.* George
le **gérant** manager
germanique Germanic
la **Gestapo** Gestapo (*name of the German secret police 1936–1945*)
le **geste** gesture, movement; **il l'arrête d'un —** he motions to him to stop; **joindre le — à la parole** suit the action to the word
le **gilet** vest
la **glace** ice; window
glacial, -e; -als, -ales icy; **le fluide —** freezing fluid
glissant *pres. part. of* **glisser**
glisse *pres. ind. 3rd sing. of* **glisser**
glisser slip; **faire — la porte** slide the door open; **se —** slip
le **glouglou** glug-glug, gurgle
gluant, -e sticky, gummy
le **golf** golf

le **golfeur** golfer
la **gomme** gum
le **gorille** gorilla
le **goût** taste, flavour
la **gouttière** eavestrough
la **grâce** grace; — **à** thanks to
grand, -e big, great, large, tall; **ouvrir de —s yeux** open one's eyes wide; **les yeux —s ouverts** with her eyes wide open; **la mâchoire —e ouverte** with its jaw wide open
grand-chose *m. (used only with negation)* much
la **grand-route** highway, main road
la **grand-rue** main street
gras, grasse fat
la **gratitude** gratitude
gratte *pres. ind. 3rd sing. of* **gratter**
gratter scratch; **se —** scratch oneself
grelottant *pres. part. of* **grelotter**
grelotter shake, shiver
la **grève** strike; **en —** on strike; **se mettre en —** go on strike
le **gribouillis** scrawl
griffonne *pres. ind. 3rd sing. of* **griffonner**
griffonner scribble
le **grillage** grating
la **grille** grating
griller grill; **faire —** grill
la **grimace** grimace, face
la **grippe** flu, influenza
grise *pres. ind. 3rd sing. of* **griser**
grisé, -ée *past part. of* **griser**
griser to make tipsy, intoxicate; **se —** to get tipsy
grisonnant, -e grizzled, touched with grey
grommelé, -ée *past part. of* **grommeler**
grommeler grumble, mutter
gros, grosse big; **une grosse voix** a gruff voice; *(noun) m.* wholesale (trade); **en —** wholesale
le **groupe** group
la **guerre** war; *see* **pied**
la **gueule** mouth
guidé, -ée *past part. of* **guider**
guider guide
la **guillotine** guillotine

H

The asterisk indicates aspirate h

h = heure(s)
habillé, -ée *past part. of* **habiller**
un **habillement** clothing
habiller dress
un **habit** dress, costume; evening dress
un **habitant** inhabitant
habitent *pres. ind. 3rd pl. of* **habiter**

habiter inhabit, live (in)
une **habitude** habit, custom; **avoir l'—de** be accustomed to; **comme d'—** as usual; **d'—** usually
habitue *pres. ind. 3rd sing. of* **habituer**
habituer accustom; **s'—** get used, grow accustomed
la ***haie** hedge
la ***haine** hatred
une **haleine** breath
la ***halte** stopping place; **faire —** stop, (come to a) halt
le ***hameçon** hook
le ***hasard** chance, luck; **par —** by chance
***hasarde** *pres. ind. 3rd sing. of* **hasarder**
***hasarder** risk, venture
la ***hâte** haste, hurry; **en —** hastily, in haste
***haussant** *pres. part. of* **hausser**
***hausser** raise, lift; **— les épaules** shrug one's shoulders
***haut, -e** high
le ***haut** height, top; **de — en bas** downwards, from top to bottom
le ***haut-parleur** loudspeaker
Heil Hitler ! *official greeting used by Germans under the National-Socialist Government 1934–1945*

hélas [elɑːs] alas!
une **herbe** grass
héroïque heroic
le ***héros**
hésite *pres. ind. 3rd sing. of* **hésiter**
hésiter hesitate
une **heure** hour; time; **un quart d'—** a quarter of an hour; **20 heures 25** 8:25 P.M.; **onze —s** eleven o'clock; **huit —s du matin** eight o'clock in the morning; **six —s du soir** six o'clock in the evening; **(60 kilomètres) à l'—** an hour; **de bonne —** early; **à tout à l'—** see you later
heureusement fortunately; **— que (j'étais là)** it's a good thing, fortunately
heureux, -euse happy
hier yesterday; **— soir** last night, yesterday evening
un **hippocampe** sea-horse
***hisse** *pres. ind. 3rd sing. of* **hisser**
***hisser** hoist (up)
une **histoire** history, story, tale
Hitler, Adolf (1889–1945) *leader of Germany 1934–1945*
un **hiver** [ivɛːr] winter
***holà** hey
un **homme** man
un **homonyme** homonym,

word pronounced like another but having a different meaning
une **honnêteté** honesty, integrity
un **honneur** honour
*****honteux, -euse** ashamed
un **horizon** horizon; **à l'—** on the horizon
une **horloge** clock
horrible horrible
*****hors** out of, outside; **— de** out of, outside (of); **— de lui** beside himself (with rage)
le *****hors-d'œuvre** (*invariable in pl.*) hors-d'œuvre
un **hôte** host
un **hôtel** hotel
un **hôtelier** hotelkeeper
une **hôtesse** hostess
*****huit** eight; **— jours** a (one) week
la *****huitaine** a week
humain, -e human; (*noun*) *m. pl.* men
*****hurle, hurlent** *pres. ind. 3rd sing. and pl. of* **hurler**
le *****hurlement** howl, yell, scream
*****hurler** howl, roar, scream

I

ici here; **d'— une demi-heure** within half an hour
une **idée** idea; **on n'a pas — de me faire rouler (à soixante kilomètres à l'heure)** fancy making me travel
identifier identify
une **identité** identity
idiot, -e idiotic
ignorais *imp. ind. 1st sing. of* **ignorer**
ignore *pres. ind. 3rd. sing. of* **ignorer**
ignorer not know
il he, it; there; **il ne me reste que deux francs** I have only two francs left; **il ne m'en reste plus** I have none left; **il me reste encore des filets** I still have some fillets left; **tout ce qu'il en restait** all that was left of it
illégal, -e; -aux, -ales illegal
illisible illegible
illumine *pres. ind. 3rd sing. of* **illuminer**
illuminer, illuminate, light up
ils they
imaginaire imaginary
un(e) **imbécile,** imbecile, fool; **cet — de caddie** that fool of a caddie
imite *pres. ind. 3rd. sing. of* **imiter**
imiter imitate
immédiatement immediately
immense immense, huge
un **immeuble** building

imminent, -e, imminent
immobile motionless
immobilisant *pres. part. of* **immobiliser**
immobiliser immobilize; **s'—** come to a stop
un **imparfait** imperfect
impatient, -e (de) impatient, eager, anxious (to)
impatienter to irritate, make impatient; **s'—** get impatient
impératif, -ive imperative, peremptory; (*noun*) *m.* imperative
impertinent, -e impertinent; (*noun*) impertinent fellow, saucy wench
imperturbable imperturbable; unruffled
une **importance** importance; **aucune —** it doesn't matter; **ça n'a pas d'—** it doesn't matter
important, -e important
importe *pres. ind. 3rd sing. of* **importer**
importer (*defective verb*) matter; **n'importe lequel** any one (at all); **qu'importe?** what does it matter?; **n'importe qui** anyone (at all); **n'importe quoi** anything at all
importun, -e importunate, unwelcome
importuné, -ée *past part. of* **importuner**
importuner importunate; bother, pester
impossible impossible
impressionnant, -e impressive
imprimant *pres. part. of* **imprimer**
imprimé, -ée *past part. of* **imprimer**
imprimer print; impart
inaperçu, -e unseen, unobserved; **passer —** escape notice
incessamment unceasingly; at any moment
un **incident** incident
inconnu, -e unknown; (*noun*) stranger
incorrigible incorrigible
incrédule incredulous; **d'un air —** incredulously
incroyable incredible
indéfini, -e indefinite
indemne [ɛ̃dɛmn] unhurt
indépendant, -e independent
les **Indes** *f.* Indies; **— galantes** (*title of an opera composed by Rameau in* 1735)
un **indicatif** indicative
indique *pres. ind. 3rd sing. of* **indiquer**
indiquer indicate, tell, show
indiscipliné, -ée undisciplined, unruly

indiscret, -ète indiscreet
un **individu** individual, fellow
inestimable inestimable
inexorablement, inexorably
infaillible infallible
une **infirmerie** infirmary
infortuné, -ée unfortunate, unlucky
un **ingénieur** engineer
une **initiative** initiative
innocent, -e innocent
inquiet, -iète restless; anxious, uneasy
inquiète *pres. ind. 3rd sing. of* **inquiéter**
inquiéter make uneasy; **s'—** be uneasy, be worried
une **inquiétude** anxiety
insensé, -ée mad, insane; wild
insiste *pres. ind. 3rd sing. of* **insister**
insister insist
inspectent *pres. ind. 3rd pl. of* **inspecter**
inspecter inspect
un **inspecteur** inspector
une **inspection** inspection
installé, -ée *past part. of* **installer**
installer install; **s'—** settle (down), establish oneself; **s'— comme médecin** set up as a doctor
un **instant** moment, instant; **à l'—** immediately, at once
un **instinct** instinct
instinctivement instinctively
une **instruction** instruction
un **instrument** instrument
intelligent, -e intelligent
intense intense
intensément intensely
une **intention** intention; **à l'— de** for
interdire (*conj. like* **dire** *except pres. ind.* **vous interdisez** *and imperative* **interdisez**) forbid; **— à quelqu'un de faire quelque chose** forbid someone to do something
interdit, -e *see* **interdire**
intéressant, -e interesting
intéresse *pres. ind. 1st and 3rd sing. of* **intéresser**
intéresser interest; **s'— à** be interested in
un **intérêt** interest
un **intérieur** interior
un **interlocuteur** interlocutor; **son —** the person with whom he is speaking
interminable interminable
interpréter interpret, render
interrogatif, -ive interrogative
interroge *pres. ind. 3rd sing. of* **interroger**
interroger interrogate,

question
un **intervalle** interval
intervenir (*conj. like* **venir**) intervene, break in
intervient *see* **intervenir**
introduire (*conj. like* **conduire**) introduce, insert; show in
introduit *see* **introduire**
inutile useless; — **de feindre** it's no good pretending
invendable unsalable
une **invention** invention
invincible invincible
invité, -ée *past part. of* **inviter**; (*noun*) guest
inviter (à) invite (to)
invraisemblable improbable, hard to believe
irascible irascible, irritable
ironique ironical
irons *see* **aller**
irrespirable unbreathable
irrité, -ée *past part. of* **irriter**
irriter irritate
une **irruption** irruption; **faire — dans** break (burst, rush) into
une **issue** issue, conclusion
un **italique** italic

J

j' *see* **je**
Jacques *m.* James
jamais ever, never; **ne...** — never; **ne...** — **plus** never again; — **de la vie** (!) never(!); **à —** for ever
la **jambe** leg; **prendre ses —s à son cou** take to one's heels
le **jardin** garden
le **jazz** jazz
je I
jeté, -ée *past part. of* **jeter**
jeter throw, cast; call out; **se —** throw oneself
jette *pres. ind. 3rd sing. of* **jeter**
jetterai *fut. ind. 1st sing. of* **jeter**
le **jeu, -x** game
le **jeudi** Thursday
jeune young; (*noun*) *m. pl.* young people
la **joie** joy
joignant *see* **joindre**
joindre join
Indicatif :
Prés. **je joins, tu joins, il joint, nous joignons, vous joignez, ils joignent**
Imp. **je joignais,** etc.
Passé
Indéf. **j'ai joint,** etc.
Fut. **je joindrai,** etc.
Cond. **je joindrais,** etc.
Impératif :
joins, joignons, joignez
Participes :
joignant, joint
joint; joint, -e *see* **joindre**
joli, -e pretty

jouais *imp. ind. 1st sing. of* **jouer**
la **joue** cheek
joué, -ée *past part. of* **jouer**
jouer play; gamble; **faire —** bring into play, set in motion
jouerai *fut. ind. 1st sing. of* **jouer**
jouerez *fut. ind. 2nd pl. of* **jouer**
le **joueur** player
jouir (de) enjoy; be in full possession of
jouissant *pres. part. of* **jouir**
le **jour** day; **tous les —s** every day; **se faire —** appear
le **journal, -aux** newspaper
la **journée** day
le **joyau, -x** jewel
joyeux, -euse joyful
les **jumelles** *f.* binoculars
jusqu'à to, up to, as far as, until, till; even; **jusqu'au bout** right to the end; **jusqu'au bas** right to the bottom; **— ce que** (*conj.*) until, till
juste (*adv.*) just
justement justly; exactly, precisely; as it happens
la **justesse** exactness, precision; **de —** narrowly
justifie *pres. ind. 3rd sing. of* **justifier**
justifier justify

K

le **kilomètre** kilometre (= about five-eighths of a mile)

L

l' *see* **le, la**
la the; her, it
-là *see* **ce** (*adj.*), **celui**
là there; **— où** where
là-bas over there
le **lac** lake
lâche *pres. ind. 3rd sing. of* **lâcher**
lâcher release, let go of; call out
laid, -e ugly; unseemly
laissa *past definite 3rd sing. of* **laisser,** = **a laissé**
laissant *pres. part. of* **laisser**
laisse *pres. ind. 3rd sing. and imperative 2nd sing. of* **laisser**
laissé, -ée *past part. of* **laisser**
laisser let, allow; leave
laissez *imperative 2nd pl. of* **laisser**
le **lait** milk
la **laitue** lettuce
le **lambeau, -x** scrap, shred
lancer throw, fling, cast; rap out; **se — dans les affaires** launch into business

le **lancer** throwing, casting; *see* **pêche**
la **langue** tongue
large wide
las, lasse tired, weary; **de guerre —** tired of the struggle
lasser tire, weary
latéral, -e; -aux, -ales lateral; **la porte —e** side door
le **latin** Latin
les **Laurentides** *f. pl.* Laurentians
le the; him, it; **aussi fort qu'il — peut** as hard as he can; **comme son nom l'indique** as his name indicates; **comme elle a appris à — faire** as she learned to do
léchant *pres. part. of* **lécher**
lécher lick
la **leçon** lesson
la **lecture** reading; **à la — de (cette lettre)** on reading
ledit, ladite the aforesaid, the above-mentioned
la **légende** legend
légèrement slightly
la **légion** legion; **Légion d'honneur** Legion of Honour
le **lendemain** next day; **le — matin** the next morning, the morning after
lent, -e slow; **à pas —s** slowly
lentement slowly
Léon *m.* Leo
lequel, laquelle; lesquel(le)s (*pron.*) which, which one; **laquelle ?** what is it?
les the; them
la **lettre** letter
leur (*pl.* **leurs**) (*adj.*) their
leur (*pron.*) to them
lève, lèvent *pres. ind. 3rd sing. and pl. of* **lever**
levé, -ée *past part. of* **lever**
lever lift, raise; **le soleil est levé** the sun is up; **se —** get (stand) up
la **lèvre** lip
la **liberté** freedom
libre free; **un banc de —** a free pew
le **lieu, -x** place; **j'ai tout — de croire** I have every reason to believe; **au — de** instead of; **s'il y a —** if (it is) necessary
la **lieue** league; **à dix —s à la ronde** for ten leagues around
la **ligne** line; **à la —** with a line
ligote *pres. ind. 3rd sing. of* **ligoter**
ligoté, -ée *past part. of* **ligoter**
ligoter tie up, bind hand and foot
le **limier** bloodhound; sleuth
le **lion** lion

le **liquide** liquid
liquider liquidate; sell off, clear
lire read
  Indicatif :
  Prés. **je lis, tu lis, il lit, nous lisons, vous lisez, ils lisent**
  Imp. **je lisais,** etc.
  Passé
  Indéf. **j'ai lu,** etc.
  Fut. **je lirai,** etc.
  Cond. **je lirais,** etc.
  Impératif :
    lis, lisons, lisez
  Participes :
    lisant, lu
lisait *see* **lire**
lisiblement legibly
lit *see* **lire**
le **lit** bed
la **livraison** delivery
le **livre** book
la **livre** pound
local, -e; -aux, -ales local
la **loge** box; **— d'avant-scène** stagebox
loin far (away); **— de** far from; (*noun*) *m.* distance; **au —** in the distance
long, longue long
longe *pres. ind. 3rd sing. of* **longer**
longer walk along
longtemps long, a long time
longuement at great length

lors : dès — from that time onwards
lorsqu' *see* **lorsque**
lorsque when
la **louange** praise
louer rent; **— trente francs** rent for thirty francs
le **loup** wolf; **au —** ! wolf!
lourd, -e (de) heavy (with)
la **lueur** gleam, flash
lui he, him(self), it; to him, to her, to it; (*used for emphasis*) Lauzon, lui, (est le grand spécialiste) *Lauzon*; **lui-même** himself
le **lundi** Monday
les **lunettes** *f.* glasses
la **lutte** wrestling
le **lycée** secondary school; *lycée* (the *lycée* is state-supported; the *collège*, also a secondary school, is maintained by the municipality, sometimes by private funds; in both, the student reaches a more advanced grade of work than in our secondary schools)
Lyon *m.* Lyons

M

m' *see* **me**
M. *abbreviation of* **monsieur**

ma my
mâcher chew
la mâchoire jaw
madame, *pl.* mesdames *f.* madam, Mrs.; — la duchesse de Chantilly the Duchess of Chantilly
Madeleine *f.* Madeline
mademoiselle, *pl.* mesdemoiselles *f.* miss
le magasin store
magnifique magnificent, splendid
mai *m.* May
la maille loop, mesh
le maillet mallet, hammer
la main hand; à la — in his hand; en —s in her hands; cela te fera la — it will help you get the knack of it
maintenant now
maintenir (*conj. like* tenir) maintain
maintient *see* maintenir
mais but; — oui why yes, certainly; — non not at all, why no, no indeed
la maison house; establishment
le maître master; teacher; le coup de — master stroke
la maîtresse mistress; — de maison mistress of the house
mal badly; (*noun*) *m.* evil; difficulty, trouble; harm; dire du — speak ill; cela n'a pas été sans — it was not an easy matter; faire (du) — (à) hurt
malade sick, ill; (*noun*) sick person
maladroit, -e clumsy, awkward
malheureusement unfortunately
malheureux, -euse unhappy
malhonnête dishonest
malin, -igne evil; cunning, shrewd, sharp
la manche sleeve
mancher = manger
mange *pres. ind. 1st and 3rd sing. of* manger
mangé, -ée *past part. of* manger
manger eat; vous nous ferez à — (you will) make us something to eat
mangeras *fut. 2nd sing. of* manger
la manière manner, way; ma — de conduire the way I drive
manifester manifest; show
manifestera *fut. ind. 3rd sing. of* manifester
manipuler manipulate; handle
le manque lack
manque *pres. ind. 3rd sing. of* manquer

manquer lack; miss; **il nous manquera encore un franc** we shall still be one franc short
manquera *fut. 3rd sing. of* **manquer**
le **manteau, -x** cloak
manuscrit, -e hand-written
marchaient *imp. ind. 3rd pl. of* **marcher**
la **marchandise** merchandise
la **marche** running; march; **se mettre en —** start; **la remettre en —** set it going again; **fermer la —** bring up the rear
marche *pres. ind. 3rd sing. of* **marcher**
le **marché** market; deal
marché *past part. of* **marcher**
le **marchepied** step(s)
marcher walk; run; do; work
marchez *imperative 2nd pl. of* **marcher**
le **mardi** Tuesday
la **mare** pond
le **mari** husband
le **mariage** marriage
marié, -ée married
la **marque** mark
marque *pres. ind. 3rd sing. of* **marquer**
marqué, -ée *past part. of* **marquer**
marquer (de) mark (with); **elle marque neuf heures** it says nine o'clock

Marseille *f.* Marseilles
le **masque** mask
le **match** match, game
les **mathématiques** *f.* mathematics
le **matin** morning; **au —** in the morning, the next morning; **huit heures du —** eight o'clock in the morning; **demain —** tomorrow morning
la **matinée** morning
Maupassant, Guy de French writer of novels and short stories (1850–1893)
mauvais, -e bad; nasty; poor; **passer un — moment** have a bad time of it
me me, to me
méchant, -e bad, nasty, mean
méconnaissable unrecognizable
la **médaille** medal
le **médecin** doctor, physician
la **médecine** medicine
médical, -e; -aux, -ales medical
médiocre mediocre
le **melon** melon; **le chapeau —** derby (hat)
le **membre** member
même (*adj. and pron.*) same; self; **moi—** myself; **vous—** yourself; **la politesse —** politeness itself; **en (à) ce moment —** at this very

moment; **le soir —** that same evening
même (*adv.*) even; **ici —** right here
la **mémoire** memory
mémorable memorable
menaçant *pres. part. of* **menacer**
menacer threaten
ménage *pres. ind. 3rd sing. of* **ménager**
ménager save; spare
la **ménagerie** menagerie
mené, -ée *past part. of* **mener**
mener lead; **— à bien** carry out
mens, ment, mentent *see* **mentir**
la **mention** mention; notice
mentir (*conj. like* **sentir**) lie
le **mépris** contempt, scorn; **avec —** contemptuously, scornfully
méprisant, -e contemptuous, scornful
merci (*adv.*) thank you; **— de** thank you for
le **mercredi** Wednesday
la **mère** mother
le **merlan** whiting
merveilleux, -euse marvellous
mes my
le **message** message
met, mets *see* **mettre**
la **méthode** method
le **métier** trade, profession, occupation; **faire son —** do one's job
le **mètre** metre (= *about 3.28 feet*)
mettant *see* **mettre**
mettent *see* **mettre**
mettez *see* **mettre**
mettre put, put on; **je vous en mets une douzaine ?** will you take a dozen?; **se —** put oneself, take one's place; **se — en route** set out, start on one's way; **se — à la poursuite de** set off in pursuit of; **se — à** + *inf.* begin, start; **se — dans la tête de** + *inf.* take it into one's head to
  Indicatif :
  Prés. **je mets, tu mets, il met, nous mettons, vous mettez, ils mettent**
  Imp. **je mettais,** etc.
  Passé
  Indéf. **j'ai mis,** etc.
  Fut. **je mettrai,** etc.
  Cond. **je mettrais,** etc.
  Impératif :
  mets, mettons, mettez
  Participes :
  mettant, mis
le **meuble** piece of furniture; (*pl.*) furniture
le **midi** noon; south; **le Midi** the South (of France)
le **mien, la mienne** mine
la **miette** crumb; **en —s**

smashed to atoms
mieux (*adv.*) better; **j'aurais — fait de prendre un taxi** I'd have been better off if I'd taken a taxi; **de — en —** better and better; **qui dit — ?** do I hear more?
mignon, -onne cute, sweet
la **milice** militia
le **milicien** militiaman
le **milieu, -x** middle; **au — de** in the middle of; **en plein —** right in the middle
militaire military
mille [mil] (a, one) thousand; **cent —** (*may be written 100.000*) one hundred thousand; **je vous remercie — fois** I am very grateful to you
le **mille** [mil] mile
mince thin
le **ministre** minister
le **minuit** midnight, twelve o'clock (at night)
la **minute** minute
minutieusement minutely
le **miracle** miracle
miroiter sparkle
mis, -e *see* **mettre**
la **mise** placing, putting; **— à prix** starting price
la **mission** mission
Mme *abbreviation of* **madame**
la **mode** fashion; **à la —** fashionable, in style
moderne modern
la **modestie** modesty; **avec —** modestly
moi I, me, to me; myself; **— aussi** so am I; **et — qui viens de...** and here I have just . . . ; **—même** myself
moindre less(er); least; **c'est la — des choses** it's the least one can do
moins (*adv.*) less; **(le) —** least; **pas le — du monde** not in the least; (*noun*) **au —** at least
le **mois** month
la **moitié** half; **à —** (*adv.*) half
Molière *name used by Jean-Baptiste Poquelin, French comic author* (1622–1673)
le **moment** moment; **au — (même) où** just as; **à ce —** at this moment; **à ce —(-là)** at that moment; **en ce —** at the (this) moment, (just) now
mon, ma, mes my; **mon général** general
le **monde** world; people; **tout le —** everybody, everyone
la **monnaie** change
le **monsieur** [məsjø], *pl.* **messieurs** [mεsjø] gentleman, sir, Mr.; **— désire ?** what would you like, sir?; **messieurs les**

Allemands the Germans; **comme** — like this gentleman; — (**a eu la dernière**) this gentleman; **cher** — my dear sir; — **l'inspecteur** inspector; — **le directeur** sir
monte *pres. ind. 3rd sing. of* **monter**
monté, -ée *past part. of* **monter**
Montélimar *m.* town in the South of France
montent *pres. ind. 3rd pl. of* **monter**
monter mount, go (come, get) up (in), rise; bring up
monterai *fut. ind. 1st sing. of* **monter**
montez *imperative 2nd pl. of* **monter**
la **montre** watch; show, display; **en** — on show, on display
montre *pres. ind. 3rd sing. and imperative 2nd sing. of* **montrer**
Montréal *m.* [m5real] Montreal
montrer show; — **du doigt** point at (out)
montrez *imperative 2nd pl. of* **montrer**
moquer : se — joke; **se** — **de** make fun of, laugh at; **tu te moques (vous vous moquez) de moi** you're not serious, you're joking, you're making sport of me; **les règlements, je m'en moque** I don't care about regulations
la **moquerie** mockery, scoffing
moques *pres. ind. 2nd sing. of* **moquer**
le **morceau, -x** piece
mort, -e *see* **mourir**; (*adj.*) dead
la **mort** death; **la** — **dans l'âme** sick at heart
mortel, -elle mortal
la **morue** cod
le **mot** word; note, line; **sans** — **dire** without (saying) a word; **elles ne disent** — they do not say a word; **à ces** —**s** so saying
le **moteur** engine, motor
la **mouche** fly
mourir die
 Indicatif:
 PRÉS. **je meurs, tu meurs, il meurt, nous mourons, vous mourez, ils meurent**
 IMP. **je mourais**, etc.
 PASSÉ
 INDÉF. **je suis mort**, etc.
 FUT. **je mourrai**, etc.
 COND. **je mourrais**, etc.
 Impératif :
 meurs, mourons, mourez
 Participes :
 mourant, mort
la **moustache** moustache

la **moutarde** mustard; **il sent la — lui monter au nez** he loses his temper
le **mouvement** movement, motion
mouvementé, -ée lively, eventful
le **moyen** means, method; **par tous les —** by fair means or foul; **au — de** by means of
moyennant in exchange for
m'sieur = monsieur
muni, -e past part. of **munir**
munir (de) furnish, equip (with)
mûr, -e ripe; mature
le **mur** wall
le **murmure** murmur
le **musée** museum
la **musique** music; **(un fume-cigarette) à —** musical
mystérieusement mysteriously
mystérieux, -ieuse mysterious

N

n' see **ne**
naître be born; **comment est née la légende** how the legend arose; **faire — un sourire** provoke (call forth) a smile
  Indicatif :
  PRÉS. **je nais, tu nais, il naît, nous naissons, vous naissez, ils naissent**
  IMP. **je naissais,** etc.
  PASSÉ INDÉF. **je suis né,** etc.
  FUT. **je naîtrai,** etc.
  COND. **je naîtrais,** etc.
  Impératif :
  nais, naissons, naissez
  Participes :
  naissant, né
la **nappe** sheet (*of water*)
nasalisé, -ée nasalized
national, -e; -aux, -ales national; see **route, sûreté**
naturel, -elle natural
naturellement naturally, of course
navré, -ée dreadfully sorry; **le cœur —** broken-hearted
ne not; **ne... pas** not; **ne... que** only; **ne... ni... ni...** neither . . . nor . . .; (*pleonastic or redundant*) **plus belle que vous ne pensez**
né, -ée see **naître**
nécessaire necessary
négatif, -ive negative
négligemment negligently
négligent pres. ind. 3rd. pl. of **négliger**
négliger neglect
la **neige** snow
nerveux, -euse nervous, high-strung

n'est-ce pas ? isn't he? aren't you? don't you? doesn't he? etc.
net, nette clear, distinct; clean
neuf nine
neuf, neuve new
le **nez** nose; **elle lui éclate de rire au —** she bursts out laughing in his face
ni neither, nor; **ne... ni... ni...** neither . . . nor . . . ; **le conducteur ne le voit ni ne l'entend** the driver neither sees him nor hears him
nickelé, -ée nickel-plated
Nicolas *m.* Nicholas
nient *pres. ind. 3rd. pl. of* **nier**
nier deny; **les assistants nient** those present deny the charge
le **niveau, -x** level; **à leur —** on a level with them
noble noble
le **Noël** Christmas
noir, -e black
le **nom** noun; name; **ils écrivent leur —** they write their names
le **nombre** number
nombreux, -euse numerous; **une classe nombreuse** a large class
nommé, -ée *past part. of* **nommer**
nommer name; appoint
non no; not; **— pas** not

normal, -e; -aux, -ales normal
normalement normally
nos *see* **notre**
la **note** note; mark
notre (*pl.* **nos**) our
le **nôtre, la nôtre** ours
nous we, us, to us
nouveau, nouvel, nouvelle; nouveaux, nouvelles new; **à nouveau** anew; **de nouveau** again
nouvelle *see* **nouveau**
la **nouvelle** (piece of) news
noyé, -ée *past part. of* **noyer**
noyer drown
la **nuit** night; **il va faire —** it will soon be dark
nul, nulle no, (not) any; **—(...) ne** no, not any; (*pron.*) none
le **numéro** number; issue

O

obéir (à) obey
obéit *pres. ind. 3rd sing. of* **obéir**
un **objet** object, thing, article
obligatoire obligatory
obligé, -ée *past part. of* **obliger**
une **obligeance** obligingness; **auriez-vous l'— de... ?** would you be kind enough to . . .?
obligeant, -e obliging

obliger oblige, force
obligez *imperative 2nd pl. of* **obliger**
une **obscurité** [ɔpskyrite] darkness
obsédé, -ée *past part. of* **obséder**
obséder obsess
obtenir [ɔptəniːr] (*conj. like* **tenir**) obtain, get, achieve
obtenu, -e *see* **obtenir**
obtient *see* **obtenir**
une **occasion** occasion; opportunity
occupé, -ée occupied, busy
occupe, occupent *pres. ind. 3rd sing. and pl. of* **occuper**
occuper occupy
une **odeur** odour, smell
un **œil** (*pl.* **yeux**) eye; **sous les yeux de sa femme** under his wife's nose (*literally*, eyes); *see* **beurre, fermer**
un **œuf, -s** [œf, ø] egg; **— à la coque** boiled egg
offert, -e *see* **offrir**
officiel, -ielle official
un **officier** officer
une **officine** dispensary
offre, offrent *see* **offrir**
offrir offer; give
  Indicatif :
    Prés. **j'offre, tu offres, il offre, nous offrons, vous offrez, ils offrent**
    Imp. **j'offrais,** etc.
    Passé Indéf. **j'ai offert,** etc.
    Fut. **j'offrirai,** etc.
    Cond. **j'offrirais,** etc.
  Impératif :
    offre, offrons, offrez
  Participes :
    offrant, offert
une **oie** goose
un **oiseau, -x** bird
un **olivier** olive-tree
ombragé, -ée *past part. of* **ombrager**
ombrager shade
on one, we, you, they; **on frappe** there is a knock; **on marche** there is someone walking; **on entend une voix** a voice is heard; **on l'a vu entrer** he was seen coming in
l'**on** *see* **on**
Onésime *m.* Onesimus
ont *see* **avoir**
onze eleven
une **opale** opal
un **opéra** opera
une **opération** operation
opposé, -ée opposite; **— à la fenêtre** opposite the window
un **or** gold
or now
un **oratorio** oratorio
ordinaire ordinary
ordonne *pres. ind. 1st sing. of* **ordonner**

VOCABULAIRE 211

ordonner order; **il ordonne de démonter les gouttières** he orders the eavestroughs to be taken down
un **ordre** order; **de deuxième —** second-rate
une **ordure** filth; *(pl.)* garbage
une **oreille** ear; **dire à l'—** whisper
organise *pres. ind. 3rd. sing. of* **organiser**
organisé, -ée *past part. of* **organiser**
organiser organize
un **orgue** (*the pl. is m. if it indicates more than one instrument, f. if it indicates a single instrument*) organ
original, -e; -aux, -ales original
une **originalité** originality
un **orignal, -aux** moose
oser dare
ou or
où where; in which; **d'—** from which; **(au moment) —** when; **— (se collent ses mains)** to which
oubliant *pres. part. of* **oublier**
oublier forget
oubliez *pres. ind. 2nd pl. of* **oublier**
oufre = ouvre
oufrez = ouvrez
oui yes
ouvert, -e *see* **ouvrir**

une **ouverture** opening
un **ouvrage** work
ouvre *see* **ouvrir**
une **ouvreuse** attendant, usher
ouvre, ouvrez *see* **ouvrir**
ouvrir open; **qui vient lui —** who comes to answer the door; **s' —** open
Indicatif :
Prés. **j'ouvre, tu ouvres, il ouvre, nous ouvrons, vous ouvrez, ils ouvrent**
Imp. **j'ouvrais,** etc.
Passé
Indéf. **j'ai ouvert,** etc.
Fut. **j'ouvrirai,** etc.
Cond. **j'ouvrirais,** etc.
Impératif :
ouvre, ouvrons, ouvrez
Participes :
ouvrant, ouvert
ouvrira *see* **ouvrir**
une **ovation** ovation, cheer

P

p. = page
la **page** page
paierons *fut. 1st pl. of* **payer**
le **pain** bread
la **paire** pair
la **paix** peace
la **pancarte** notice, sign
le **panier** basket

le **pantalon** (pair of) trousers, pants
la **panne** breakdown; **sa voiture en —** his car which has broken down; **mon auto est en —** my car has broken down
le **papier** paper, document
le **papillon** butterfly
Pâques *m. sing.* Easter
par by, through; **— la fenêtre** out of (through) the window; **trois fois — jour** three times a day; **— (ce temps horrible)** by; **— la portière** out of the door; **— (une belle soirée)** on
parachuté, -ée *past part. of* **parachuter**
parachuter parachute
le **paradis** paradise
paraît *see* **paraître**
paraître appear, look
   Indicatif :
     Prés. **je parais, tu parais, il paraît, nous paraissons, vous paraissez, ils paraissent**
     Imp. **je paraissais,** etc.
     Passé
     Indéf. **j'ai paru,** etc.
     Fut. **je paraîtrai,** etc.
     Cond. **je paraîtrais,** etc.
   Impératif :
     parais, paraissons, paraissez

   Participes :
     paraissant, paru
le **parapluie** umbrella
le **paquet** package
le **parc** [park] park
parce que because
le **parcomètre** parking meter
par-dessus on top; (*prep.*) over
pardi why, of course! to be sure!
le **pardon** pardon, forgiveness; **— (!)** pardon, excuse me
le **parent** parent; relative
paresseux, -euse lazy, indolent
parfait, -e perfect; **— (!)** fine (!)
parfaitement perfectly
le **parfum** perfume, fragrance
le **pari** bet, wager; **— tenu (!)** it's a bet (!)
parie *pres. ind. 1st sing. of* **parier**
parier bet, wager
Paris *m.* Paris
parisien, -ienne Parisian
parle, *pres. ind. 3rd sing. of* **parler**
parlé, -ée *past part. of* **parler**
parler (de) speak, talk, tell (about)
parlerai *fut. ind. 1st sing. of* **parler**
parlez *pres. ind. 2nd pl. of* **parler**
le **paroissien** parishioner

la **parole** word; **prendre la —** begin to speak, take the floor

la **part** part; share; **mettre à —** put aside; **le commandant Valmy mis à —** apart from Major Valmy; **de la — de** from; **quelque —** somewhere; **prendre — à** take part in

part, partent see **partir**

partager share

la **partance** departure; **en — pour** bound for

le **partenaire** partner

partez see **partir**

parti, -e see **partir**

le **participe** participle

particulièrement particularly

la **partie** party; game, match

partir (de) depart, set out, go away (from), leave, go; start; **— d'un grand éclat de rire** burst out laughing; **à — de** from, after; **à — de demain** starting tomorrow

Indicatif:
Prés. **je pars, tu pars, il part, nous partons, vous partez, ils partent**
Imp. **je partais,** etc.
Passé
Indéf. **je suis parti,** etc.
Fut. **je partirai,** etc.
Cond. **je partirais,** etc.
Impératif:
pars, partons, partez
Participes:
partant, parti

le **partitif** partitive

partons see **partir**

parvenir (à) (*conj. like* **venir**) arrive, reach; manage (to), succeed (in)

parvenu, -e see **parvenir**

parvient see **parvenir**

pas not; **ne... pas, ne pas** not; **— encore** not yet

le **pas** step; **du même —** in step

le **passager** passenger

passant *pres. part. of* **passer**

passe *pres. ind. 3rd sing. and imperative 2nd sing. of* **passer**

passé, -ée *past part. of* **passer**

le **passé** past

passent *pres. ind. 3rd pl. of* **passer**

passer pass; hand; spend; put; **où est passé le franc disparu** where the missing franc went, what happened to the missing franc; **laisser —** let through, let out; **le feu passe au vert** the light turns green; **— au salon** adjourn to the drawing-room; **— des heures à**

taper sur une balle spend hours hitting a ball; **se —** happen; elapse, go by; **que se passe-t-il ?** what is going on?; **tout se passera très bien** everything will go off all right

passera *fut. ind. 3rd sing. of* **passer**

passez *imperative 2nd pl. of* **passer**

la **Patagonie** Patagonia

patauger splash and flounder

la **pâte** paste, dough, batter; wad; **—s alimentaires** spaghetti and macaroni

la **patience** patience

le **patron** patron; boss, proprietor

la **patte** paw; leg; foot; **si jamais le renard lui tombe sous la —** if ever the fox falls into his clutches

la **paupière** eyelid

pauvre poor

pauvrement poorly

la **pauvreté** poverty

pavé, -ée *past part. of* **paver**

paver (de) pave (with)

paye *pres. ind. 3rd sing. of* **payer**

payé, -ée *past part. of* **payer**

payer [pεje] pay (for)

la **peau, -x** skin; hide

la **pêche** fishing; **— au** lancer casting

pêché, -ée *past part. of* **pêcher**

pêcher fish

le **pêcheur** fisherman

la **pédale** pedal

la **peine** pain; difficulty; **à —** hardly, scarcely; **à — montés dans ma voiture...** they are hardly in my car when . . . ; **faire de la — à** grieve, vex; **ça n'a pas été sans —** it was not an easy matter

la **pelouse** lawn; green

penaud, -e crestfallen, sheepish, shamefaced; **l'air —** sheepishly

penche *pres. ind. 3rd sing. of* **pencher**

penché, -ée leaning

pencher bend; **se —** lean; stoop; bend over; **se — à la fenêtre** lean out of the window

pendant *pres. part. of* **pendre**

pendant during, for; **— que** while

le **pendentif** pendant

pendre hang

la **pendule** clock

pénètre *pres. ind. 3rd sing. of* **pénétrer**

pénétrer (dans) enter

pénible painful

péniblement laboriously, painfully, with difficulty

pensais *imp. ind. 1st*

sing. of **penser**
pense *pres. ind. 1st and 3rd sing. of* **penser**
pensé, -ée *past part. of* **penser**
penser think; **vous le pensez bien** as you can well imagine; **tu penses bien qu'il ne faut pas lui dire la vérité** whatever you do, you must not tell him the truth; **penses-tu! pensez-vous!** what an idea!; — à think of (*turn one's mind toward*); **vous n'y pensez pas !** you don't mean it! you're not serious!
penses *pres. ind. 2nd sing. of* **penser**
pensez *pres. ind. 2nd pl. of* **penser**
pensif, -ive thoughtful, pensive
la **pente** slope
percer pierce
perd *pres. ind. 3rd sing. of* **perdre**
la **perdition** perdition
perdre lose; waste; **se —** get lost
perdu, -e *past part. of* **perdre**
le **père** father; **le — Galinet** old Galinet
péremptoire peremptory
le **perfectionnement** improvement
le **péril** peril; risk
permet *see* **permettre**

permettez *see* **permettre**
permettre (*conj. like* **mettre**) permit, allow; — **à quelqu'un de faire quelque chose** let someone do something; **qui permet de conduire** which makes it possible to drive; **si vous permettez** if you don't mind
le **permis** permit, licence; **— de conduire** driver's licence
la **persécution** persecution
le **personnage** personage, character
la **personne** person; (*pl.*) people; **la jeune —** young lady; **—** *m.* nobody, no one, anybody; **ne... —** nobody; **— ne** nobody; **— que** nobody but
personnel, -elle personal
persuader persuade
persuadez *pres. ind. 2nd pl. of* **persuader**
pesant, -e heavy
pèse *pres. ind. 3rd sing. of* **peser**
peser weigh; bear, press hard
petit, -e little, small
le **pétrole** kerosene
peu little; **un —** a little; **un — d'essence** a little gasoline; **— à —** gradually, by degrees; **— après** shortly afterwards; **quelque —**

somewhat
la **peur** fear; **faire — à** frighten
peut, peux *see* **pouvoir**
peut-être [pøtɛːtr] perhaps
peuvent *see* **pouvoir**
la **pharmacie** pharmacy, drug store
le **pharmacien** pharmacist, druggist
Philippe *m.* Philip
la **phrase** sentence
physiquement physically
piaffant *pres. part. of* **piaffer**
piaffer paw the ground
la **pièce** piece; room; **— (de monnaie)** coin; **— de théâtre** play
le **pied** [pje] foot; **à —** on foot; **sur le — de guerre** on a war footing
le **piège** trap
la **pierre** stone
Pierre *m.* Peter
le **piéton** pedestrian
piètre wretched
le **pilou** galumpher
le **pin** pine(-tree)
pincé, -ée affected, supercilious; **d'un air —** stiffly, in a huffy manner
pique *pres. ind. 3rd sing. of* **piquer**
piqué, -ée *past part. of* **piquer**
piquer prick, sting
pis (*adv.*) worse; **tant —** so much the worse, it can't be helped
le **pisteur** tracker
le **pistolet** pistol
piteusement piteously, woefully
piteux, -euse piteous, woeful; **d'un air —** woefully
la **pitié** [pitje] pity; **avoir — de** have (take) pity on, feel sorry for
la **place** place; (public) square; seat; **à ma —** in my place, instead of me; **prendre —** take a seat
place, placent *pres. ind. 3rd sing. and pl. of* **placer**
placer place; **se —** place oneself, take up one's position; **je suis bien placé pour en parler** I am in a good position to speak of it
le **plafond** ceiling
plaindre pity, be sorry for; **se —** complain
la **plaine** plain
la **plainte** complaint
plairait *see* **plaire**
plaire (à) please; **s'il vous plaît** (if you) please
Indicatif :
Prés. **je plais, tu plais, il plaît, nous plaisons, vous plaisez, ils plaisent**
Imp. **je plaisais,** etc.
Passé

INDÉF. **j'ai plu,** etc.
FUT. **je plairai,** etc.
COND. **je plairais,** etc.
Impératif :
plais, plaisons, plaisez
Participes :
plaisant, plu
plaisante *pres. ind. 1st sing. of* **plaisanter**
plaisanter joke
plaisantez *pres. ind. 2nd pl. of* **plaisanter**
le **plaisir** pleasure; **faites-moi le plaisir de...** do me the favour of . . . ; **avec (grand) —** with (great) pleasure
plaît *see* **plaire**
le **plan** plan
plane *pres. ind. 3rd sing. of* **planer**
plané, -ée gliding; **le vol — glide**
planer hover, hang over
plat, -e flat
le **platane** plane-tree
le **plâtre** plaster; plaster cast; **dans le —** in a cast
plein, -e (de) full (of), filled (with); **en — visage** full (right) in the face; **— à craquer** bulging, bursting; **en — milieu** right in the middle; **en — jour** in broad daylight
pleurant *pres. part. of* **pleurer**
pleurer weep, cry

pleut *pres. ind. 3rd sing. of* **pleuvoir**
pleuvoir rain
plouf plop
le **pluriel** plural
plus more; **le —** (the) most; **et qui — est** and what is more; **— de (Cucugnanais)** more; **— tard** later; **— gros** bigger; **— simple** simpler; **— mal** worse; **— que** more than; **ne... —** no more (longer), not any more, not now; **elle ne nous coûtera — que vingt-cinq francs** it will now cost us only twenty-five francs; **— de merlan** no more whiting; **— un complet** not a suit left; **de — en —** more and more; **de — en — haut** higher and higher; **de — moreover; (trois milles) de —** extra; **moi non —** neither do I; **une coiffure des — extravagantes** a most absurd hair-do
plusieurs several
plutôt rather
le **pneu, -s** [pnø] tire
la **poche** pocket; pouch
le **poids** [pwɑ] weight
le **poing** fist; **le revolver au —** revolver in hand
le **point** point; **en tous —s** in all respects, in every particular

pointant *pres. part. of* **pointer**
pointe *pres. ind. 3rd sing. of* **pointer**
pointer point
le **pois** = le **bois**
le **poisson** fish
la **poissonnerie** fish market, fish store
la **poitrine** breast, chest
poli, -e polite, courteous; **trop —** over-polite
la **police** police; policy; **— d'assurance** insurance policy
le **policier** policeman; detective
poliment politely
la **politesse** politeness, courtesy
le **poltron** coward
la **pompe** pump
pomper pump
pompez *imperative 2nd pl. of* **pomper**
populaire cheap, low-class
la **population** population
le **porche** porch
le **port** wearing
le **portail, -s** portal
portant *pres. part. of* **porter**
portatif, -ive portable
la **porte** door; gate; **mettre à la —** fire
porte *pres. ind. 3rd sing. and imperative 2nd sing. of* **porter**
le **porte à porte** door-to-door selling

le **portefeuille** wallet
porter carry, take; wear; bear; **se —** be (*of health*)
le **porteur** porter
portez *imperative 2nd pl. of* **porter**
la **portière** door (*of car, etc.*)
portons *imperative 1st pl. of* **porter**
la **pose** pose
la **position** position
possède *pres. ind. 1st and 3rd sing. of* **posséder**
posséder possess
la **possession** possession
possible possible
le **poste** post, appointment; set; **— de radio** radio set
la **poste** post office; **le bureau de —** post office
le **pouce** thumb; inch
pour for; (in order) to; **— moi** for my part, personally; **— un coup de maître, c'est un coup de maître** that is *really* a master stroke; **— que** in order that; **vous l'avez payé —** **qu'il éternue** you paid him to sneeze; **— qu'on nous envoie** to send us
le **pourboire** tip, gratuity
pourquoi why
pourra, pourrait *see* **pouvoir**
pourrez *see* **pouvoir**

pourri, -e *past part. of* **pourrir;** *(adj.)* rotten
pourrir rot
pourrons *see* **pouvoir**
poursuit *see* **poursuivre**
la **poursuite** pursuit; *see* **s'élancer, se mettre, se précipiter**
poursuivent *see* **poursuivre**
poursuivre *(conj. like* **suivre)** pursue; continue
pourtant nevertheless, still, (and) yet
pousse *pres. ind. 3rd sing. of* **pousser**
poussé, -ée *past part. of* **pousser**
pousser push; impel; utter
pouvais *see* **pouvoir**
pouvez *see* **pouvoir**
pouviez *see* **pouvoir**
pouvoir can, be able, may; **cela pourra être long** that may be long; **ce pourrait être** it could be; **j'aurais pu être assassiné** I might have been murdered
  Indicatif :
  Prés. **je peux (puis), tu peux, il peut, nous pouvons, vous pouvez, ils peuvent**
  Imp. **je pouvais**, etc.
  Passé Indéf. **j'ai pu**, etc.
  Fut. **je pourrai**, etc.
  Cond. **je pourrais**, etc.
  Impératif (manque)
  Participes :
    pouvant, pu
pouvons *see* **pouvoir**
P.Q. *abbreviation of* **Province de Québec**
le **pré** meadow
précieux, -ieuse precious
précipite, précipitent *pres. ind. 3rd sing. and pl. of* **précipiter**
précipiter precipitate, throw; **se —** rush, hurry, dash (up); **se — sur** swoop down on; **se — à la poursuite de** chase after
précisément precisely; as it happens
préféré, -ée *past part. of* **préférer;** *(adj.)* favourite
préférer prefer
premier, -ière first; **la (classe de) première** grade twelve
prend *see* **prendre**
prendre take, get; catch; take on; **entrez — un verre** come in and have a drink; **nous la prenons** we'll take it; **se — catch; s'y — go about it**
  Indicatif :
  Prés. **je prends, tu prends, il prend, nous prenons, vous prenez, ils prennent**
  Imp. **je prenais**, etc.

Passé
  Indéf. **j'ai pris**, etc.
  Fut. **je prendrai**, etc.
  Cond. **je prendrais**, etc.
    Impératif :
      prends, prenons, prenez
    Participes :
      prenant, pris
prends *see* **prendre**
le **preneur** taker; **j'ai preneur** I have a taker
prenez *see* **prendre**
prennent *see* **prendre**
une **préoccupation** preoccupation
prépare *pres. ind. 3rd sing. of* **préparer**
préparé, -ée *past part. of* **préparer**
préparer prepare, make ready, get (ready); **se — (à)** prepare, make ready (to, for)
la **préposition** preposition
près near; **— de** near, close to; **de —** from close up
la **présence** presence
le **présent** present
présente, présentent *pres. ind. 3rd sing. and pl. of* **présenter**
présenter present; introduce; **se —** introduce oneself, present oneself, appear
présentez *imperative 2nd pl. of* **présenter**

le **président** president; chairman
presque almost, nearly
pressé, -ée pressed, in a hurry
présume *pres. ind. 3rd sing. of* **présumer**
présumer presume; **— de ses forces** over-estimate one's strength
prêt, -e (à) ready, prepared (to)
prétendez *pres. ind. 2nd pl. of* **prétendre**
prétendre claim, maintain; **comment prétendez-vous réussir ?** what makes you think that you will succeed?
prétends *pres. ind. 1st sing. of* **prétendre**
le **prétexte** pretext
le **prêtre** priest
la **preuve** proof; **faire — de** show
prévenir (*conj. like* **venir** *but takes auxiliary* **avoir**) notify
prévenu, -e *see* **prévenir**
prévoir (*conj. like* **voir**) foresee; anticipate
prévu, -e *see* **prévoir**
prie *pres. ind. 1st sing. of* **prier**
prier (de) ask, request, beg (to); **je vous prie** please
le **prince** prince
le **principe** principle
le **printemps** spring

pris, -e *see* **prendre**
la **prison** prison; **en —** to (in) prison
le **prisonnier** prisoner
le **prix** price; prize; **à tout —** at all costs
le **problème** problem
la **procession** procession
prochain, -e next; (*noun*) *m.* fellow-being
proclame *pres. ind. 3rd sing. of* **proclamer**
proclamer proclaim
prodigieux, -ieuse prodigious
produire produce; **se —** occur, take place
le **produit** product; proceeds
produit *pres. ind. 3rd sing. of* **produire**
le **professeur** professor
la **profession** profession
profite *pres. ind. 3rd sing. of* **profiter**
profiter profit; **— de** take advantage of, avail oneself of
profond, -e deep
projeter (*conj. like* **jeter**) project, throw
la **promenade** walk
promène *pres. ind. 3rd sing. of* **promener**
promener take for a walk *or* drive; **se —** go for a walk *or* drive
la **promesse** promise
promets *see* **promettre**
promettre (*conj. like* **mettre**) promise

promis, -e *see* **promettre**
le **pronom** pronoun
prononçait *imp. ind. 3rd sing. of* **prononcer**
prononcé, -ée *past part. of* **prononcer**
prononcer pronounce, utter; deliver; **se —** be pronounced
propose *pres. ind. 3rd sing. of* **proposer**
proposer propose, offer, suggest; **— à quelqu'un de faire quelque chose** suggest that someone do something
proposez *pres. ind. 2nd pl. of* **proposer**
propre clean; own; **il est —!** what a mess!; **sa — carte** his own card
le **propriétaire** proprietor, owner
proteste *pres. ind. 3rd sing. of* **protester**
protester protest
prouve *pres. ind. 3rd sing. of* **prouver**
prouver prove
prouvez *imperative 2nd pl. of* **prouver**
la **Provence** Provence
provenir (*conj. like* **venir**) proceed, come
provient *see* **provenir**
la **province** province; **de —** provincial
le **proviseur** principal
prussien, -ienne Prussian; (*noun*) **Prussien** *m.*

Prussian
le **pseudonyme** [psødɔnim] pseudonym, assumed name
la **psychologie** [psikɔlɔʒi] psychology
pu *see* **pouvoir**
puant, -e stinking, foul-smelling
public, -ique public; (*noun*) *m.* public, audience
publicitaire advertising
puis *see* **pouvoir**
puis then; **et —** moreover, and besides
puiser draw
puisqu' *see* **puisque**
puisque since; **puisqu'on l'a vu entrer !** but he was seen coming in!
puissant, -e powerful
punir punish
punit *pres. ind. 3rd sing. of* **punir**
le **pupitre** desk
pur, -e pure
le **purgatoire** purgatory

Q

qu' *see* **que**
le **quai** (railway) platform
la **qualité** quality
quand when
quant à as for
la **quantité** quantity
quarante forty
le **quart** quarter
le **quartier** quarter; district, neighbourhood
quatre four
quatrième fourth
que (*conj.*) that; than; **— je consulte mon registre** let me consult my register; (**à peine**) **—** when; (**vous n'y trouverez personne**) **— (nous)** but; (*to repeat any conjunction already expressed in the sentence*) (**comme je suis médecin**) **et — je viens d'ouvrir mon cabinet** and (as) I have just opened my office; (**parce que tu es mon ennemi et**) **— (tu cherches à me tuer)** (because)
que (*interrogative*) what; **qu'est-ce qui (se passe) ?** what . . . ?; **qu'est-ce que... ?** what . . . ?; **qu'est-ce que c'est que ça ?** what is that?; (*exclamatory*) how; **que je t'aime !** how I love you!
que (*relative*) whom, which, that; *see* **ce** (*pron.*)
Québec *m.* Quebec (City)
le **Québec** (Province of) Quebec
quel, quelle (*adj.*) which, what; **— +** (*noun*) **!** what (a) . . . !

quelconque any (whatever); ordinary, commonplace
quelque some, any, a few; **— chose** something
quelques-uns, -unes some
quelqu'un somebody, someone; anybody, anyone
la **question** question
la **queue** tail; **la — pendant** with his tail hanging
qui (*interrogative*) who, whom
qui (*relative*) who, which; *see* **ce** (*pron.*), **tout** (*pron.*)
quiconque anybody
quinze fifteen
quitte *pres. ind. 3rd sing. of* **quitter**
quitter leave; take off; **sans — l'horloge des yeux** without taking his eyes off the clock
quoi what; **à —** (**l'on devine**) whereby; **un cirque, —** in short, a circus
quotidien, -ienne daily

R

la **race** race
Racine, Jean French dramatist (1639–1699)
raconte, racontent *pres. ind. 3rd sing. and pl. of* **raconter**
raconter tell, relate
raconterez *fut. ind. 2nd pl. of* **raconter**
radical, -e; -aux, -ales radical
la **radio** radio
la **raie** ray, skate
la **raison** reason; **avoir —** be right
raisonnable reasonable; rational
ramasser pick up
Rameau, Jean-Philippe French composer (1683–1764)
ramène, ramènent *pres. ind. 3rd sing. and pl. of* **ramener**
ramener bring back
ranger arrange; put away; **se —** draw up; pull over
rangez *imperative 2nd pl. of* **ranger**
ranimer revive
rapide rapid, quick, fast, swift
le **rapide** express (train)
rapidement rapidly, quickly
rappeler call back, call again; **— quelque chose à quelqu'un** remind somebody of something
le **rapport** relation, connection
rapporter report; bring back

rapporterai *fut. ind. 1st sing. of* **rapporter**
ras : au — de flush with
rassemble *pres. ind. 3rd sing. of* **rassembler**
rassemblé, -ée *past part. of* **rassembler**
rassembler gather together
rater miss
rattraper overtake
rattrapez *imperative 2nd. pl. of* **rattraper**
ravi, -e (de) delighted (to, with, at)
ravir ravish, carry off; **— quelque chose à quelqu'un** rob someone of something, steal something from someone
le **rayon** department
la **réalité** reality; **en —** really, actually
la **rébellion** rebellion
le **récepteur** receiver
la **reception** reception, receiving; *see* **bureau**
recevoir receive
   Indicatif :
    Prés. **je reçois, tu reçois, il reçoit, nous recevons, vous recevez, ils reçoivent**
    Imp. **je recevais,** etc.
    Passé
    Indéf. **j'ai reçu,** etc.
    Fut. **je recevrai,** etc.
    Cond. **je recevrais,** etc.
   Impératif :
    reçois, recevons, recevez
   Participes :
    recevant, reçu
la **recherche** search; **à la — de** in search of; **être à la — de** be looking for
recherche *pres. ind. 3rd sing. of* **rechercher**
rechercher search for
réciter recite
réclamer (à) claim (from)
reçoit *see* **recevoir**
recommence *pres. ind. 3rd sing. of* **recommencer**
recommencer begin (over) again
la **récompense** reward
réconforte *pres. ind. 3rd sing. of* **réconforter**
réconforter comfort; cheer up
reconnais *see* **reconnaître**
reconnaissant, -e grateful
reconnaissez *see* **reconnaître**
reconnaissons *see* **reconnaître**
reconnaîtrait *see* **reconnaître**
reconnaître (*conj.* like **connaître**) recognize, admit
reconnu, -e *see* **reconnaître**
le **record** record

recouvrer recover
recouvrir (*conj. like* **couvrir**) cover (again)
la **récréation** recess
récrie : se — *pres. ind. 3rd sing. of* **se récrier**
récrier : se — protest, expostulate
reculer move back, back up
reculez *imperative 2nd pl. of* **reculer**
rédige *pres. ind. 3rd sing. of* **rédiger**
rédiger draft
redoutable formidable, dreaded
referme *pres. ind. 3rd sing. of* **refermer**
refermer close (again)
réfléchir reflect, think, ponder, consider
reformé, -ée *past part. of* **reformer**
reformer form again, reform; **se —** form again, re-form
refusa *past definite 3rd sing. of* **refuser,** $=$ **a refusé**
refuse *pres. ind. 3rd sing. of* **refuser**
refuser (de) refuse (to)
regagne *pres. ind. 3rd sing. of* **regagner**
regagner regain, recover; **— sa place** go back to one's seat
le **regard** look, glance
regarda *past definite 3rd sing. of* **regarder,** $=$ **a regardé**
regardait *imp. ind. 3rd sing. of* **regarder**
regardant *pres. part. of* **regarder**
regarde *pres. ind. 3rd sing. and imperative 2nd sing. of* **regarder**
regarder look (at); **regardez-moi ça** just look at that
regardez *imperative 2nd pl. of* **regarder**
la **région** region, district
régional, -e; -aux, -ales regional
le **registre** register, record
réglé, -ée *past part. of* **régler**
le **règlement** regulation
régler regulate; settle
regrette *pres. ind. 1st sing. of* **regretter**
regretter regret, be sorry
regretterez *fut. ind. 2nd pl. of* **regretter**
régulièrement regularly; steadily
rejoindre (*conj. like* **joindre**) rejoin, join
relaieront *fut. ind. 3rd pl. of* **relayer**
relatif, -ive relative
religieux, -ieuse religious
relayer relay, relieve; **se —** relieve one another
remarquable remarkable
remarquant *pres. part. of* **remarquer**

remarqué, -ée *past part. of* **remarquer**
remarquer remark, notice; **faire — quelque chose à quelqu'un** point something out to someone
rembourser reimburse, repay
rembourserai, remboursera *fut. ind. 1st and 3rd sing. of* **rembourser**
remercie *pres. ind. 3rd sing. of* **remercier**
le **remerciement** thanks; **tous ses —s** his best thanks
remercier (de) thank (for)
remercieront *fut. ind. 3rd pl. of* **remercier**
remerciez *imperative 2nd pl. of* **remercier**
remet *see* **remettre**
remettrai *see* **remettre**
remettre (*conj. like* **mettre**) replace, hand (over), hand in; **— les pieds** set foot again; **se — begin again**
remplacer replace, take the place of
remplacez *imperative 2nd pl. of* **remplacer**
remplir fill (in)
remplissent *pres. ind. 3rd pl. of* **remplir**
remuer move
le **renard** fox

Renart *m.* Reynard (*a proper name given to the fox in the* Roman de Renart; *because of its popularity in the middle ages the ordinary French word for fox became* **renard**)
rencontré, -ée *past part. of* **rencontrer**
rencontrer meet; come upon
rend *pres. ind. 3rd sing. of* **rendre**
rende *pres. subjunctive 3rd sing. of* **rendre**
rendes *pres. subjunctive 2nd sing. of* **rendre**
le **rendez-vous** (*invariable in pl.*) rendezvous, appointment; **avoir —** have an appointment; **se donner —** arrange to meet, gather
rendre render; give back, return; turn in; **— un service (à)** do a favour; **— la monnaie** give change; **se —** go; surrender; **se — ridicule** make oneself ridiculous, make a fool of oneself
rends *pres. ind. and imperative 2nd sing. of* **rendre**
rendu, -e *past part. of* **rendre**
le **renfort** reinforcement; à

grand — d'éloquence with great eloquence
renommé, -ée renowned
rentre, rentrent *pres. ind. 3rd sing. and pl. of* **rentrer**
rentrera *fut. ind. 3rd. sing. of* **rentrer**
rentrer (dans) re-enter, come (go) in (again); **— (chez soi)** return home, come (go) (back) home; **— à pied** walk home
rentrez *imperative 2nd pl. of* **rentrer**
rentriez *pres. subjunctive 2nd pl. of* **rentrer**
renverse *pres. ind. 3rd sing. of* **renverser**
renverser knock over, knock down
le **repaire** den, lair
repaissent : se — *pres. ind. 3rd pl. of* **se repaître**
repaître : se — eat one's fill
répand *pres. ind. 3rd sing. of* **répandre**
répandre spread; **se —** spread
répandu, -e *past part. of* **répandre**
repart *see* **repartir**
repartir (*conj. like* **partir**) leave again
reparut *past definite 3rd sing. of* **reparaître**, = **a reparu**

le **repas** meal; **faire un repas** have a meal
repasse *pres. ind. 3rd sing. of* **repasser**
repasser pass again; drop in again
repentez : vous — *pres. ind. 2nd pl. of* **se repentir**
repentir : se — repent
repéré, -ée *past. part. of* **repérer**
repérer locate, spot
répète *pres. ind. 3rd sing. of* **répéter**
répéter repeat
replie *pres. ind. 3rd sing. of* **replier**
replier fold up (again)
réplique *pres. ind. 3rd sing. of* **répliquer**
répliquer retort, answer (back)
répond *pres. ind. 3rd sing. of* **répondre**
répondez *imperative 2nd pl. of* **répondre**
répondre answer, reply
la **réponse** answer
repose *pres. ind. 3rd sing. of* **reposer**
reposer put down (again); lie, rest
reprend *see* **reprendre**
reprendre (*conj. like* **prendre**) take again; resume
réprimander reprimand
le **reproche** reproach
la **réputation** reputation

le **requin** shark
le **réseau, -x** network
réservé, -ée *past part. of* **réserver**
réserver reserve
résidentiel, -ielle residential
résigné, -ée resigned
la **résistance** resistance; **la Résistance** the Resistance (*French underground movement organized to oppose the German occupation 1940–1945*)
résiste *pres. ind. 3rd sing. of* **résister**
résisté *past part. of* **résister**
résister resist; **nul animal ne me résiste** no animal can resist me
respire *pres. ind. 3rd sing. of* **respirer**
respirer [rɛspire] breathe, breathe in; **le parfum se respire** the fragrance can be smelt
resplendir (de) be resplendent, glitter (with)
resplendit *pres. ind. 3rd sing. of* **resplendir**
ressemble, ressemblent *pres. ind. 3rd sing. and pl. of* **ressembler**
ressembler [rɛsɑ̃ble] (**à**) resemble, look like
ressort *see* **ressortir**
ressortir [rəsɔrtiːr] (*conj. like* **sortir**) come (go) out again
la **ressource** resource
restait *imp. ind. 3rd sing. of* **rester**
le **restaurant** restaurant
le **reste** rest, remainder
reste, restent *pres. ind. 3rd sing. and pl. of* **rester**
rester remain, stay; **restons-en là** let's leave it at that; *see* **il**
restons *imperative 1st pl. of* **rester**
le **résultat** result
le **retard** delay; **être en —** be late
retenant *see* **retenir**
retenez *see* **retenir**
retenir (*conj. like* **tenir**) retain, hold (back); detain, delay
retentir sound, ring (out)
retentissant, -e resounding, sonorous
retentit *pres. ind. 3rd sing. of* **retentir**
Rethel *m.* town in northeastern France
retiennent *see* **retenir**
retire *pres. ind. 3rd sing. of* **retirer**
retirer withdraw, take out, take off
retombe *pres. ind. 3rd sing. of* **retomber**
retomber fall (down) again
retordre twist; **donner du**

fil à — (à) give a lot of trouble (to)
rétorque *pres. ind. 3rd sing. of* **rétorquer**
rétorquer retort
le **retour** return
retourne *pres. ind. 1st and 3rd sing. and imperative 2nd sing. of* **retourner**
retourner return, send back, go back; **se —** turn (round)
retournons *imperative 1st pl. of* **retourner**
retrancher subtract, deduct
retrouve, retrouvent *pres. ind. 3rd sing. and pl. of* **retrouver**
retrouvé, -ée *past part. of* **retrouver**
retrouver find (again); **se —** meet (again); find oneself
retrouvera *fut. ind. 3rd sing. of* **retrouver**
le **rétroviseur** rear-view mirror
réuni, -e *past part. of* **réunir**
la **réunion** meeting
réunir (re)unite, bring (gather) together; convene, call together
réussir succeed; make a success of, bring off
la **revanche** return; revenge; **en —** on the other hand, to make up for it
le **rêve** dream; **faire un —** have a dream
rêvé, -ée *past part. of* **rêver**
réveillé, -ée *past part. of* **réveiller**
réveiller wake (up), awake; **se —** wake (up), awake
révèle *pres. ind. 3rd sing. of* **révéler**
révéler reveal
revenir (*conj. like* **venir**) return, come back
rêver dream
la **rêverie** reverie; dreaming, musing
revêtir don, put on
revient *see* **revenir**
revoir (*conj. like* **voir**) see again; **se —** see each other again; (*noun*) *m.* **au —** goodbye
la **révolution** revolution; **la Révolution** the Revolution (of 1789)
le **revolver** [revɔlvɛːr] revolver
revu, -e *see* **revoir**
la **revue** review
riait *see* **rire**
riant *see* **rire**
riche rich
le **rideau, -x** curtain
ridicule ridiculous
rien nothing, anything; **ne... —, — ne** nothing, not anything; **il n'a —**

d'extraordinaire there is nothing extraordinary about it; — **à faire** nothing doing; **comme si de — n'était** as if nothing had happened; (*noun*) *m.* trifle, mere nothing
rions *see* **rire**
riposte *pres. ind. 3rd sing. of* **riposter**
riposter answer, retort
le **rire** laughter
rire laugh
 Indicatif :
 Prés. **je ris, tu ris, il rit, nous rions, vous riez, ils rient**
 Imp. **je riais, nous riions,** etc.
 Passé
 Indéf. **j'ai ri,** etc.
 Fut. **je rirai,** etc.
 Cond. **je rirais,** etc.
 Impératif :
  ris, rions, riez
 Participes :
  riant, ri
risque *pres. ind. 1st and 3rd sing. of* **risquer**
risquer risk, venture; — **de** + *inf.* risk
la **robe** dress
le **rocher** rock
rôdent *pres. ind. 3rd pl. of* **rôder**
rôder prowl, be on the prowl
le **rôle** part, rôle
le **roman** novel; (*medieval lit., as in the* Roman de Renart) romance
rompre break
rompt *pres. ind. 3rd sing. of* **rompre**
rompu, -e *past part. of* **rompre;** — **à** experienced in, trained in
la **ronce** bramble
rond, -e round
la **ronde** round; **à la —** around
ronfler snore
rose pink
rôti, -e *past part. of* **rôtir**
rôtir roast
rouge red; **le feu est au —** the light is red
la **rougeole** measles
rougir blush
rougit *pres. ind. 3rd sing. of* **rougir**
roule *pres. ind. 3rd sing. of* **rouler**
roulé, -ée *past part. of* **rouler**
rouler roll; run, travel; **la conversation roule sur...** the conversation runs (turns) on . . .
la **roulotte** trailer
la **route** road, route, way; — **nationale** highway; **en —** on the way; *see* **se mettre**
rouvre *see* **rouvrir**
rouvrir (*conj. like* **ouvrir**) open again
le **ruban** ribbon

rudement extremely, awfully
la **rue** street
ruisselant, -e dripping (wet)
ruisseler trickle
ruminant *pres. part. of* **ruminer**
ruminer ruminate, chew the cud
la **ruse** ruse, trick, wile
rusé, -ée crafty, sly, sharp
le **rythme** rhythm

S

s' = **se, si** (*conj.*)
sa his, her, its
le **sac** sack; bag, purse
sachant *see* **savoir**
sacré, -ée sacred
sage wise
sagement wisely, prudently
saint, -e holy
le **saint**, la **sainte** saint
sais *see* **savoir**
saisir seize, grasp; **se — de** lay hands on, seize
saisissent *pres. ind. 3rd pl. of* **saisir**
saisit *pres. ind. 3rd sing. of* **saisir**
la **salle** room (*for common use of the group concerned*); hall; **— des ventes** sale room; **— à manger** dining room
le **salon** drawing room
salue *pres. ind. 3rd sing. of* **saluer**
saluer salute; bow to, greet
le **salut** salute; **faire un —** give a salute
le **samedi** Saturday
la **sandale** sandal
le **sang-froid** coolness, composure; **garder son —** keep cool, keep one's temper
sanguinaire bloodthirsty
sans without; but for; **— que** (*conj.*) without; **— que personne ne se soit aperçu de rien** without anyone's having noticed anything
le **sans-gêne** over-familiarity, cheek
la **santé** health
sapristi ! good Lord!
le **satellite** satellite
la **satisfaction** satisfaction
satisfait, -e satisfied
le **saucisson** (large) sausage
sauf except
le **saumon** salmon
saura *see* **savoir**
saurez *see* **savoir**
saute, sautent *pres. ind. 3rd sing. and pl. of* **sauter**
sauter jump; **ils sautent sur leurs armes** they rush to their weapons
sauvage savage, wild
sauver save

la **savane** savanna
savant, -e learned, scholarly
savent *see* **savoir**
savez *see* **savoir**
savoir know, know how to; **comment le sais-tu ?** how do you know?; **il n'en saura rien** he will never know (anything about it); **d'on ne sait où** from somewhere or other
    Indicatif :
    Prés. **je sais, tu sais, il sait, nous savons, vous savez, ils savent**
    Imp. **je savais,** etc.
    Passé
    Indéf. **j'ai su,** etc.
    Fut. **je saurai,** etc.
    Cond. **je saurais,** etc.
    Impératif :
    sache, sachons, sachez
    Participes :
    sachant, su
savons *see* **savoir**
scandaleux, -euse scandalous
scander scan; stress
la **scène** scene; stage; **la — se passe à Paris** the action takes place in Paris
scolaire academic; **l'année — ** school year
se himself, herself, itself, themselves; to himself, to herself, etc.
le **seau, -x** pail
la **seconde** [səg5:d] second
secoue *pres. ind. 3rd sing. of* **secouer**
secouer [səkwe] shake
le **secours** help; **au — !** help!
le **secret** secret
le (la) **secrétaire** secretary
la **sécurité** security; **en —** secure
le **Seigneur** Lord
le **séjour** stay
selon according to
la **semaine** week
semblable similar
le **sénat** senate
le **sens** [sɑ̃:s] sense, meaning; direction; **dans le — des aiguilles d'une montre** clockwise
sensationnel, -elle sensational
sent, sentez *see* **sentir**
le **sentier** path
sentir feel; smell; **vous sentez bien que...** you must realize that . . . ; **se —** feel
    Indicatif :
    Prés. **je sens, tu sens, il sent, nous sentons, vous sentez, ils sentent**
    Imp. **je sentais,** etc.
    Passé
    Indéf. **j'ai senti,** etc.
    Fut. **je sentirai,** etc.
    Cond. **je sentirais,** etc.

Impératif :
   sens, sentons, sentez
Participes :
   sentant, senti
sentiras *see* **sentir**
sépare *pres. ind. 3rd sing. of* **séparer**
séparer separate
sera, serai, serait *see* **être**
serez *see* **être**
seriez *see* **être**
serons *see* **être**
le **serpent** serpent, snake
sert *see* **servir**
serti, -e *past part. of* **sertir**
sertir (de) set with
le **service** service; favour; **qu'y a-t-il pour votre —?** what can I do for you?; **rendre — (à)** do a service, a good turn
servir serve, be of use; **rien ne sert de mentir** it is no good lying; **— de** serve as, be used as; **— à** serve for; **qui me sert à (faire ma cuisine)** which I use to
Indicatif :
  Prés. **je sers, tu sers, il sert, nous servons, vous servez, ils servent**
  Imp. **je servais,** etc.
  Passé
  Indéf. **j'ai servi,** etc.
  Fut. **je servirai,** etc.
  Cond. **je servirais,** etc.

Impératif :
   sers, servons, servez
Participes :
   servant, servi
la **serviette** briefcase
le **serviteur** servant
ses his, her, its
le **seuil** [sœːj] threshold
seul, -e only, single, alone; **tout —** all alone, by oneself (itself); **le —, la —e** the only one
seulement only
si (*conj.*) if; whether
si (*adv.*) so; **une — petite affaire** such a small matter; **une — grande dame** such a great lady; yes (*in answer to a negation*)
le **siège** seat
le **sien, la sienne** his (own), her (own), its (own)
le **sifflet** whistle
le **signalement** description
signaler point out; report
le **signe** sign; gesture; **— de tête** nod; **faire un — de tête négatif** shake one's head; **faire un —** give a signal; **faire — à** motion to
signifie *pres. ind. 3rd sing. of* **signifier**
signifier mean
le **silence** silence
simple simple; ordinary, common; **le plus —, c'est de...** the simplest

thing is to . . .
simplement simply
simultanément simultaneously
le **singe** monkey
le **singulier** singular
le **Sioux** Sioux (Indian)
la **situation** situation
six six; **ils sont —** there are six of them
sixième sixth
le **smoking** tuxedo, dinner jacket
le **sociétaire** member; **la carte de —** membership card
la **société** society; company, firm; club
soient *pres. subjunctive 3rd pl. of* **être**
soigner treat
soigneusement carefully
le **soir** evening; in the evening; **six heures du —** six o'clock in the evening
la **soirée** evening; (evening) party; **— de gala** gala performance
sois *see* **être**
soit *pres. subjunctive 3rd sing. of* **être**
soixante [swasɑːt] sixty
le **sol** ground
le **soldat** soldier
le **soleil** sun; sunshine
solitaire solitary, alone
la **solution** solution
sombre dark, gloomy
sombrement gloomily
la **somme** sum

le **sommeil** sleep; **je tombe de —** I cannot keep my eyes open
sommes *see* **être**
son his, her, its
songea *past definite 3rd sing. of* **songer,** = a songé
songer (à) think (of)
sonne, sonnent *pres. ind. 3rd sing. and pl. of* **sonner**
sonner sound, ring, strike
la **sonnette** bell; **le coup de —** ring (at the door)
sont *see* **être**
sort *see* **sortir**
la **sorte** sort, kind; manner; **de — que** so that
sorti, -e *see* **sortir**
sortir (de) go (come) out (of); take out (of); **nous étions sorties** we were out
   Indicatif :
   PRÉS. **je sors, tu sors, il sort, nous sortons, vous sortez, ils sortent**
   IMP. **je sortais,** etc.
   PASSÉ
   INDÉF. **je suis sorti** *or* **j'ai sorti,** etc.
   FUT. **je sortirai,** etc.
   COND. **je sortirais,** etc.
   Impératif :
   sors, sortons, sortez
   Participes :
   sortant, sorti
le **sou, -s** penny, *sou* (=

five centimes or one-twentieth of a franc)
soudain, -e sudden; (*adv.*) **soudain** suddenly
le **souffle** breath; **le — coupé** gasping with astonishment
soufflé, -ée *past part. of* **souffler**
souffler blow
soulève *pres. ind. 3rd sing. of* **soulever**
soulever (*conj. like* **lever**) raise, lift up; **se —** raise, lift up
le **soulier** shoe
souligner underline
soulignez *imperative 2nd pl. of* **souligner**
soupçonneux, -euse suspicious
le **soupir** sigh
le **soupirail, -aux** ventilator
sourd, -e deaf; muffled
sourire (*conj. like* **rire**) smile
le **sourire** smile; **faire un —** smile
sourit *see* **sourire**
sous under; **— (les ovations de la population)** to; **— (cet angle)** from; *see* **œil**
soutenir (*conj. like* **tenir**) support
soutenu, -e *see* **soutenir**
souvenez *see* **souvenir**
souvenir (de) (*conj. like* **venir**) come to one's mind; **se — de** remember

le **souvenir** memory
souvent often
soyez *imperative and subjunctive 2nd pl. of* **être**
spécialement (e)specially
le **spécialiste** specialist
spécifique specific
le **spécimen** [spesimɛn] specimen
le **spectacle** spectacle, sight; performance
spectaculaire spectacular
le **spectateur** spectator
spirituel, -elle witty
splendide splendid, magnificent
la **statue** statue
le **stock** stock
stupéfait, -e amazed
stupide stupid
la **substance** substance
succéder (à) succeed, follow after
le **succès** success; **sans —** unsuccessfully
le **sud** [syd] south
suffira *fut. ind. 3rd sing. of* **suffire**
suffire (à) suffice, be sufficient, be enough (to)
suffit *pres. ind. 3rd sing. of* **suffire**
suffoqué, -ée flabbergasted
suicider : se — commit suicide
suis *see* **être**
suit *see* **suivre**
la **suite** continuation; **tout de —** at once

suivant, -e *see* **suivre**; next, following; according to
suivent *see* **suivre**
suivez *see* **suivre**
suivi, -e *see* **suivre**
suivre follow; **suivi de** followed by; — **quelqu'un des yeux** follow someone's progress
 Indicatif :
  Prés. **je suis, tu suis, il suit, nous suivons, vous suivez, ils suivent**
  Imp. **je suivais,** etc.
  Passé
  Indéf. **j'ai suivi,** etc.
  Fut. **je suivrai,** etc.
  Cond. **je suivrais,** etc.
 Impératif :
  suis, suivons, suivez
 Participes :
  suivant, suivi
le **sujet** subject
supplémentaire extra
supplie *pres. ind. 3rd sing. of* **supplier**
supplier beg
suppliez *pres. ind. 2nd pl. of* **supplier**
supportable bearable
suppose *pres. ind. 1st sing. of* **supposer**
supposer suppose
sur on, upon; (**jeter un coup d'œil**) — at; — (**des tons différents**) in; (**penchée**) — over; (**un lourd silence tombe**) — (**la pièce**) over; (**une erreur**) — in; — (**quelques mètres**) for; (**neuf**) — (**dix**) out of
sûr, -e sure; **bien** — of course
la **sûreté** safety, security; **la Sûreté nationale** (French) Police Headquarters
la **surface** surface
surhumain, -e superhuman
sur-le-champ at once
le **surnom** nickname
surpasse *pres. ind. 3rd sing. of* **surpasser**
surpasser surpass, outdo; **se** — outdo oneself
surprendre (*conj. like* **prendre**) surprise
surpris, -e *see* **surprendre**
la **surprise** surprise
le **sursaut** (involuntary) start, jump; **en** — with a start
sursaute *pres. ind. 3rd sing. of* **sursauter**
sursauter start; **faire** — startle
surtout above all
la **surveillance** supervision
suspect, -e suspect
Suzanne *f.* Susan
la **syllabe** syllable
sympathique likable; **vous m'êtes** — I like you
la **symphonie** symphony

le **synonyme** synonym
le **système** system

T

ta (*adj.*) *see* **ton**
ta ta ta nonsense(!)
la **table** table; **à —** at the table
le **tableau, -x** picture; board
tâchant *pres. part of* **tâcher**
tâche *pres. ind. 1st sing. of* **tâcher**
tâcher (de) try (to)
tâchons *imperative 1st pl. of* **tâcher**
la **taille** size
taire be silent about; **se —** be (keep) silent (quiet)
    Indicatif:
    PRÉS. **je tais, tu tais, il tait, nous taisons, vous taisez, ils taisent**
    IMP. **je taisais,** etc.
    PASSÉ INDÉF. **j'ai tu,** etc.
    FUT. **je tairai,** etc.
    COND. **je tairais,** etc.
    Impératif:
    tais, taisons, taisez
    Participes:
    taisant, tu
tais, tait *see* **taire**
le **talon** heel; **les chaussures à —s** shoes with heels; *see* **aiguille**
tans = dans
tant so much; so many; so
taper tap, slap; **— sur** hit
taquiner tease
tard (*adv.*) late; **plus —** later, afterwards; **pas plus — qu'hier** only yesterday
le **tas** heap, pile
la **tasse** cup
le **taxi** taxi
te you, to you, (to) yourself
tébêchez-fous = dépêchez-vous
tel, telle such
le **télégramme** telegram
télégraphier telegraph
télégraphiez *imperative 2nd pl. of* **télégraphier**
le **téléphone** telephone
téléphone *pres. ind. 1st sing. of* **téléphoner**
téléphoné, -ée *past part. of* **téléphoner**
téléphoner telephone; **tu téléphoneras à la police** (you will) telephone the police; **je lui téléphone (à l'instant)** I'll telephone him
téléphoneras *fut. ind. 2nd sing. of* **téléphoner**
téléphonez *imperative 2nd pl. of* **téléphoner**
la **télévision** television
tellement so, so much
témoigne *pres. ind. 3rd*

sing. of **témoigner**
la **tempe** temple
le **temps** time; weather; tense; (**il n'a pas) le —de (répondre)** time to; **le — de mettre mes chaussures** I'll come as soon as I put my shoes on; **juste à — pour** just in time to; **de — à autre** now and then
tenait *see* **tenir**
tenant *see* **tenir**
tend *pres. ind. 3rd sing. of* **tendre**
tendant *pres. part. of* **tendre**
tendre (*vb.*) hold out
tendre (*adj.*) tender; **depuis sa plus — enfance** from her earliest youth
tenez *see* **tenir**
tenir hold; **tiens** (!), **tenez** (!) look (here) (!), here (!); **elle n'y tient plus** she cannot stand it any longer; **— à** value, prize; insist on; **puisque vous y tenez** since you are so anxious to have it
  Indicatif :
  PRÉS. **je tiens, tu tiens, il tient, nous tenons, vous tenez, ils tiennent**
  IMP. **je tenais,** etc.
  PASSÉ
  INDÉF. **j'ai tenu,** etc.
  FUT. **je tiendrai,** etc.
  COND. **je tiendrais,** etc.
  Impératif :
    tiens, tenons, tenez
  Participes :
    tenant, tenu
tentateur, -trice tempting
la **tentation** temptation
tente *pres. ind. 3rd sing. of* **tenter**
tenter (de) attempt, try (to)
tenu, -e *see* **tenir**
le **terme** term; end
termine *pres. ind. 3rd sing. of* **terminer**
terminer end, finish
le **terrain** ground; course
la **terre** land, earth, ground; **à —** to the ground
la **terreur** terror
terrible terrible
le **tétachement** = le **détachement**
la **tête** head; **prendre la —** take the lead
têtu, -e stubborn; **une —e** stubborn girl
le **texte** text
le **théâtre** theatre
tic tac tick tock
tienne *pres. subjunctive 3rd sing. of* **tenir**; **qu'à cela ne —** never mind that, that need be no obstacle
tiens, tient *see* **tenir**
tintent *pres. ind. 3rd pl. of* **tinter**

tinter ring; chink
tirant *pres. part. of* **tirer**
tire *pres. ind. 3rd sing. of* **tirer**
tiré, -ée *past part. of* **tirer**
tirer pull, draw; drive; fire; — **une bouffée** take a puff; **tu tireras d'un seul coup** (you will) give a jerk
tireras *fut. ind. 2nd sing. of* **tirer**
le **tiret** dash
le **tiroir** drawer
le **tissu** cloth
toi you, yourself
la **toile** linen, cloth; — **d'araignée** cobweb, spider's web
la **toilette** dress
la **tôle** sheet-metal; sheet of metal
la **tomate** tomato
tombe *pres. ind. 3rd sing. of* **tomber**
tombé, -ée *past. part. of* **tomber**
tomber fall; — **sur** come across; **faire** — cause to fall, drop; **il fait** — **la neige** he shakes off the snow; *see* **sommeil**
tombera *fut. ind. 3rd sing. of* **tomber**
tombez *imperative 2nd pl. of* **tomber**
ton, ta, tes your
le **ton** tone
le **tonneau, -x** cask, barrel

le **tonnerre** thunder
tordre twist; **se** — split one's sides with laughter
torride scorching, broiling
la **torture** torture
tôt soon
touché, -ée *past part. of* **toucher**
toucher touch; move; — **à** touch, meddle with
toujours always; still
le **tour** circuit; drive; turn; **à mon** — (it's) my turn; **faire le** — **de** go around; tour; **à** — **de rôle** in turn
la **tour** tower
le **tourbillon** whirlwind; whirling cloud
tourmenter torture; worry; **se** — worry
tournait *imp. ind. 3rd sing. of* **tourner**
tournant *pres. part. of* **tourner**
tourne *pres. ind. 3rd sing. of* **tourner**
la **tournée** round
le **tournemain : en un** — in the twinkling of an eye
tournent *pres. subjunctive 3rd pl. of* **tourner**
tourner turn; **se** — (**vers**) turn (towards)
toussé *past part. of* **tousser**

tousser cough
tout, -e; tous, toutes (*adj.*) all (of), whole; **tous les médecins** all doctors, every doctor; **tous les jours** every day
tout *m.* (*noun*) everything, anything; **pas du —** not at all
tout, -e(s) (*adv.*) (*agrees in gender and number with a following f. adj. beginning with a cons. or aspirate h*) quite, entirely, very; **toute blanche** quite blank; **toute neuve** brand new; **tout de suite** at once; **tout à coup** suddenly; **tout à fait** quite, perfectly, entirely; **tout ingénieur que vous êtes** even though you are an engineer; **tout en dégustant** while sipping; **tout en continuant** while continuing; **tout en regardant fixement** while staring
tout, -e; tous, toutes (*pron.*) (*when* **tous** *is a pronoun the* s *is pronounced*) all, everything; **tout ce qui (que)** everything (that), all (that)
le **Tout-Paris** rank and fashion of Paris

la **trace** trace
tracé, -ée *past part. of* **tracer**
tracer write, pen
traditionnel, -elle traditional
traduire translate
traduisez *imperative 2nd pl. of* **traduire**
tragique tragic
le **train** train; way, course; **je suis en — de faire fortune** I am making a fortune; **en — de discuter** discussing
le **trait** feature
traite *pres. ind. 3rd sing. of* **traiter**
traiter treat
la **trajectoire** trajectory
le **tr..mway** [tramwɛ] streetcar
transforme *pres. ind. 3rd sing. of* **transformer**
transformé, -ée *past part. of* **transformer**
transformer transform, change; **se — (en)** change (into)
transi, -e chilled; **— de froid** chilled with the cold
le **transistor** transistor
la **transmission** transmission
le **transport** transport; **le ministre des Transports** Transport Minister
transporter transport
le **trapèze** trapeze

la **trappe** trapdoor
le **travail, -aux** work
travaille *pres. ind. 1st and 3rd sing. of* **travailler**
travailler work
le **travers** breadth; à — through, across
trébuche *pres. ind. 3rd sing. of* **trébucher**
trébucher stumble
trente thirty
très very
triomphalement triumphantly
triomphant, -e triumphant
le **triomphe** triumph; **faire un —** give an ovation
trois three
troisième third
Trois-Rivières Three Rivers
trompé, -ée *past part. of* **tromper**
tromper deceive, trick; **se —** make a mistake, be mistaken, be wrong
trompez *pres. ind. 2nd pl. of* **tromper**
trop too, too much, too many; **— poli** over-polite; **— beau** over-beautiful; **c'en est —** this passes all bounds; **je connais —** I know too well
le **trophée** trophy
le **trottoir** sidewalk
le **trou** hole
trouble *pres. ind. 3rd sing. of* **troubler**
troublé, -ée *past part. of* **troubler**
troubler disturb; break
la **troupe** troop
le **troupeau, -x** flock
trouve, trouvent *pres. ind. 3rd sing. and pl. of* **trouver**
trouvé, -ée *past part. of* **trouver**
trouver find; think; **tout trouvé** ready to hand; **se —** be, find oneself; **se — bien de** feel all the better for; **il se trouve toujours quelqu'un** there is always someone
trouverez *fut. ind. 2nd pl. of* **trouver**
trouvez *imperative 2nd pl. of* **trouver**
le **truc** trick, gimmick
la **truite** trout
tu you
tu (tétachement) = **du**
tu, -e *see* **taire**
tue *pres. ind. 1st sing. of* **tuer**
tué, -ée *past part. of* **tuer**
tuer kill; shoot; **je te tue** I'll kill you
la **tunique** tunic

U

un, -e (*adj. and pron.*) one; a, an; **l'un après**

l'autre one after the other; **l'un d'eux** one of them; **l'un d'entre eux** one of them; **les uns... les autres** some ... others; **les uns après les autres** one after the other
un **uniforme** uniform
une **union** union
urgent, -e urgent
un **usage** use

V

va *see* **aller**
le **vague** empty space; perdu dans le — lost in space
vaillant, -e valiant
vain, -e vain, useless; **en vain** in vain
vais *see* **aller**
valait *see* **valoir**
la **valeur** value
valeureux, -euse valorous, brave, gallant
valide able-bodied
valoir be worth; — **mieux** be better (to); **ce métier en vaut un autre** this occupation is as good as another
  Indicatif :
  Prés. **je vaux, tu vaux, il vaut, nous valons, vous valez, ils valent**
  Imp. **je valais,** etc.
  Passé
  Indéf. **j'ai valu,** etc.
  Fut. **je vaudrai,** etc.
  Cond. **je vaudrais,** etc.
  Impératif :
  vaux, valons, valez
  Participes :
  valant, valu
varie *pres. ind. 3rd sing. of* **varier**
varié, -ée varied
varier vary
vas *see* **aller**
vaste vast, immense, spacious
vaut *see* **valoir**
la **vedette** star
le **véhicule** vehicle
le **velours** velvet
venait *see* **venir**
le **vendeur** salesman
vendre sell; **à** — for sale
le **vendredi** Friday
vendu, -e *past part. of* **vendre**
venez *see* **venir**
venir come; **le jour venu** when the (appointed) day arrives; **il me vient une idée** an idea occurs to me (strikes me); **j'en viens, du paradis** I've just *come* from paradise; — + *inf.* come to, come and; — **de** + *inf.* have just
  Indicatif :
  Prés. **je viens, tu viens, il vient, nous venons, vous**

venez, ils viennent
IMP. je venais, etc.
PASSÉ
INDÉF. je suis venu, etc.
FUT. je viendrai, etc.
COND. je viendrais, etc.
Impératif :
viens, venons, venez
Participes :
venant, venu
la **vente** sale
le **ventre** belly, stomach; **à plat —** flat on one's stomach
venu, -e *see* **venir**
véritable true, real
la **vérité** truth
le **verre** glass; **prendre un —** have a drink
verrez *see* **voir**
le **verrou** bolt
vers toward(s), to, about
verse : à — in torrents; **il pleut —** it is pouring
verse *pres. ind. 1st sing. of* **verser**
verser pour; pay
verserai *fut. ind. 1st sing. of* **verser**
vert, -e green; *(noun)* green
la **vertu** virtue
la **veste** jacket
le **vestibule** hall
le **vêtement** garment; *(pl.)* clothes, clothing

le **vétérinaire** veterinary
vêtu, -e dressed
veuillez (*see* **vouloir**) kindly, please
veulent *see* **vouloir**
veut, veux *see* **vouloir**
la **viande** meat
vide (*adj.*) empty
vide *imperative 2nd sing. of* **vider**
vider empty
la **vie** life
vieil *see* **vieux**
viendront *see* **venir**
viennent *see* **venir**
viens, vient *see* **venir**
vieux, vieil, vieille; vieux, vieilles old; **le vieux** old man; **la vieille** old woman; **les vieux** old people; **mon vieux** old boy
vif, vive alive, living; **le vif** (*noun*) living flesh, quick; **piqué au —** stung to the quick
vigoureux, -euse vigorous, sturdy
le **village** village
la **ville** town, city; **en ville** downtown
le **vin** wine
Vincennes *m.* suburb of Paris
vingt [vɛ̃] twenty; **vingt heures** [vɛ̃tœːr] twenty hours
vingt-cinq [vɛ̃tsɛ̃(ːk)] twenty-five
vingt-neuf [vɛ̃tnœf] twenty-nine

vingt-sept [vɛ̃tsɛt] twenty-seven
violé, -ée *past part. of* **violer**
violent, -e violent
violer violate
le **visage** face; **au — aimable** with a pleasant face
vise *pres. ind. 3rd sing. of* **viser**
viser aim
visiblement visibly; obviously
la **vision** vision
la **visite** visit; **la carte de —** visiting card
le **visiteur** visitor
vite fast, quickly; **au plus —** as quickly as possible; **— (!)** hurry(!); *see* **faire**
la **vitesse** speed; **changer de —** change gears
la **vitre** pane (of glass)
la **vitrine** (shop)window
vivant, -e alive, live
vivement briskly, smartly
vivons *see* **vivre**
vivre live
   Indicatif :
     Prés. **je vis, tu vis, il vit, nous vivons, vous vivez, ils vivent**
     Imp. **je vivais,** etc.
     Passé Indéf. **j'ai vécu,** etc.
     Fut. **je vivrai,** etc.
     Cond. **je vivrais,** etc.
   Impératif :
     vis, vivons, vivez
   Participes :
     vivant, vécu
voici here is, here are, this is; **— (!)** here you are; **— qu'arrive Suzanne** who should arrive but Susan!; **la — qui pénètre...** here she is entering . . . ; **— qu'apparaît...** appears; **le télégramme que —** this telegram
la **voie** way
voient *see* **voir**
voilà there is, there are; **— (!)** there (here) you are, this is the way it is; coming (!); **les — parties** off they go; **me —** here I am; **— qui est fait** that's done; **le — qui s'en va** off he goes; **— Dupont qui revient** there's Dupont coming back; **— tout** that's all
voir see; **voyons (!)** let us see; let me see; **(mais) voyons (!)** come now(!); **se —** see oneself; **se — projeter** find oneself thrown, be thrown
   Indicatif :
     Prés. **je vois, tu vois, il voit, nous voyons, vous voyez, ils voient**

IMP. **je voyais**, etc.
PASSÉ
INDÉF. **j'ai vu**, etc.
FUT. **je verrai**, etc.
COND. **je verrais**, etc.
   Impératif :
      vois, voyons,
      voyez
   Participes :
      voyant, vu
voire nay, even
vois, voit *see* **voir**
voisin, -e neighbouring, next; (*noun*) *m., f.* neighbour
la **voiture** car; **en —** by car
la **voix** voice; **à — basse** in a low voice
le **vol** flight
le **vol** theft, robbery
volant, -e *pres. part. of* **voler**; (*adj.*) flying
le **volant** (steering) wheel
le **volatile** winged creature, bird
vole *pres. ind. 3rd sing. of* **voler**
volé, -ée *past part. of* **voler**
voler fly; **— en éclats** be shattered
voler steal; rob; **— à** steal from
le **voleur** thief
volontiers willingly, gladly
voltige *pres. ind. 3rd sing. of* **voltiger**
voltiger flit, flutter
vont *see* **aller**

voracement voraciously
vos *see* **votre**
votre (*plur.* **vos**) your
le **vôtre**, la **vôtre** yours; le **—, lui...** *yours* . . .
voudrez *see* **vouloir**
voulais, voulait *see* **vouloir**
voulant *see* **vouloir**
voulez *see* **vouloir**
vouliez *see* **vouloir**
vouloir wish, want, will; **que voulez-vous (!)** sorry(!); **ce que vous voudrez** whatever you like; **il veut frapper le loup** he tries to strike the wolf; **il veut appeler** he tries to call; **j'ai voulu conduire** I tried to drive; **il a voulu faire cuire un œuf** he tried to boil an egg; **j'ai voulu payer le chauffeur** I tried to pay the driver; **voulez-vous que j'aille le chercher ?** shall I go and get him?; **pourquoi voulez-vous qu'il y ait des dégâts ?** why do you expect that there will be damage?; **la légende qui veut que les professeurs soient distraits** the legend according to which professors are absent-minded; **— dire** mean; **— bien** be will-

ing, be kind enough; **j'attends que vous vouliez bien aller vous coucher** I have been waiting for you to be kind enough to go to bed; **en — à** have a grudge against
Indicatif:
PRÉS. **je veux, tu veux, il veut, nous voulons, vous voulez, ils veulent**
IMP. **je voulais,** etc.
PASSÉ INDÉF. **j'ai voulu,** etc.
FUT. **je voudrai,** etc.
COND. **je voudrais,** etc.
Impératif:
[veux], [voulons], veuillez
Participes:
voulant, voulu
voulons *see* **vouloir**
voulu, -e *see* **vouloir**
vous you, to you; **vous-même** yourself
la **voûte** vault, arch
le **voyage** journey, trip; **en — ** travelling, away; while travelling; **en — d'affaires** on a business trip; **bon —** (!) pleasant journey(!)
le **voyageur** traveller; *see* **commerce, commis**
voyant *see* **voir**
la **voyelle** vowel
voyez *see* **voir**
voyons *see* **voir**

vrai, -e true; **c'est ma foi —** so it is, you are quite right
vraiment really, truly, indeed
vu, -e *see* **voir**
la **vue** sight

W

le **wagon** [vagɔ̃] (railway) car
West, Bruce Canadian newspaper columnist

Y

y there; to (at, of, in, into, on) it (them); **il y a** there is (are); ago; **il y a bien longtemps que je l'aurais capturé votre Caméléon** I'd have captured your Chameleon long ago; **ça y est** its done(!); **rien n'y fait** it is all in vain; **le cœur n'y est pas** her heart is not in it
yeux *see* **œil**

Z

le **zoo** [zo] zoo
zoologique [zɔɔlɔʒik] zoological
le **zoologiste** [zɔɔlɔʒist] zoologist

www.ingramcontent.com/pod-product-compliance
Lightning Source LLC
Chambersburg PA
CBHW051350070526
44584CB00025B/3711